察しない男
説明しない女

五百田達成
Iota Tatsunari

ディスカヴァー
携書
247

はじめに　男と女は違う言葉を話している

こんにちは！　五百田《いおた》達成です。

私は、出版社や広告会社で働いてきたキャリアと、実践でのカウンセリング・コーチングスキルを生かし、職場やプライベートにおけるコミュニケーションを円滑にするアドバイスをしています。

こんな説明をするとずいぶん堅苦しいですが、つまりは、**「なぜわかってもらえないの？」「どうしてこの人とは話が弾まないんだろう？」「どうしても苦手な人がいる」……そんなみなさんの悩みを解決することで、人間関係を「まろやか」に変えるお手伝いをしているのです**。私は、自分のことを、人と人との「通訳」のような存在だと思っています。

なぜ、言葉が通じる相手に対して通訳が必要なのか不思議に思うかもしれません。それは、私たちの心の中にある〝気持ち〟というものが、「言葉だけ」「態度だけ」では伝わりにくく、誤解されやすい、困った性質を持っているからです。

たとえば、男性の上司が部下の女性に「これ、簡単だからやっておいて」と仕事を頼んだとします。部下の女性はどのように感じるでしょうか。

上司のほうは、『君にとっては』簡単な仕事だから、短い時間で片付けられるはずだよ。お願いね」という気持ちで言っていたとしても、これではまるで伝わりません。それどころか、「君にはこれくらい簡単な仕事がお似合いだ」と言われたような気分になる女性さえいるでしょう。

これは、男性が女性に通じない言葉の使い方をしているのが問題です。

また、もう少し複雑なパターンもあります。彼氏が彼女に「今までどんな男性とつき合ってきたの？」と聞いたとします。彼女のほうは、過去の彼氏について忘れてしまっているので、そのまま「よく覚えてないんだ」と答えます。

彼氏はどう感じるでしょうか。思い切って質問したのに、明確な答えをもらえなかったことで、聞く前よりもっともっと不安になります。つき合っている間、何度も同じ質問を繰り返してしまうかもしれません。

これは、女性が男性の思考回路を理解していなかったことが原因です。

仕事と恋愛では少し事情が違いますが、男女間ではしばしば同じようなことが起こります。みなさんも、一度や二度は彼氏や夫、上司に対して「どうしてそんなこと言うの?」と疑問に思ったり、彼女や妻、後輩に対して「なんであんなことするんだよ!」と腹を立てたりしたことがあるでしょう。「もう、わけがわからない……」とお手上げ状態になっている人もいるかもしれません。

でも、大丈夫です。そうやって悩んでいるのは、あなただけではありません。男と女のコミュニケーションは、外国の人と接するよりももっと難しいのです。**「男と女は、異星人だ」**と言ってもいいほどです。

俗に「隣国同士ほど仲が悪い」などと言います。なまじ文化が近いからこそ、ささいな違いが気になって互いにイライラしてしまう。男と女も似たようなところがあります。本当は複雑な違いがあるのに、見た目が同じ日本人であるために「言葉が通じる」と信じてしまい、職場でも家庭でも衝突が起きているのです。

同じ日本人なのに言葉が通じない。これだけでもややこしいのにさらに事態をわかりにくくさせている原因があります。

それは、**人間を簡単に「男」と「女」の2パターンに分けることなんてできないということです。本書でいう男・女とは、性別的なものではなく、コミュニケーション上の「カテゴリ」だと思ってください。**たとえは極端ですが、政治における右翼と左翼のようなものです。男性的な感じ方・考え方・話し方・伝え方をするのが「男」。女性的な感じ方・考え方・話し方・伝え方をするのが「女」。コミュニケーションのパターンを2つに分けたうえで、その象徴として「男・女」を使っているということです。

つまり、本書でいう「異性」は「自分とは異なるコミュニケーションタイプの人」と読みかえることもできるのです。

そのため、先に挙げたたとえ話に対して、「オレは男だけど、そんな言い方はしないな」「私は女だけど、元カレのことはよく覚えている」など、同意できない人も出てくるのも当然のこと。

性別的に女性で、しかも非常に「女らしい」考え方をする人もいれば、性別的には女性でも、非常に「男らしい」考え方をする人もいます。また、性別的に女性で、仕事の面では「男らしい」考え方をし、恋愛面では「女らしい」考え方をする、というケースもあるでしょう。もちろん、男性の場合も同じです。

本書を読み進めるうちに誰でも自然と自分のコミュニケーションが女性的なのか、男性的なのかがわかりますが、12ページのチェックシートでもおおまかにチェックできるので、ぜひ試してみてください。

自分のコミュニケーションが、男タイプなのか、女タイプなのかがわかれば、あとは簡単。コミュニケーションがうまくいかない「異性（自分とは逆のタイプの人）」の考え方や行動パターン、習性などを学び、相手が喜ぶように、相手に伝わる言葉を使って話せばいいのです。そのために、すべての項目で「男は女に（⇕女は男に）こう言えば伝わる！」という象徴的なフレーズとして**「ひとくち男女語会話」**を紹介しています。すぐに使えるものばかりなので、外国語を覚えるつもりで、日常生活で使ってみてください。

その際、**「異性」の考え方に100％納得する必要はありません。**「なんで察してくれないかなぁ」「もっとこういう言い方してくれればいいのに」と不満を感じつつも、その思いは胸の中にそっとしまって自分の言葉を機械的にチェンジ・翻訳していきましょう。「なんだ、この過去分詞というものは⁉」と英語の文法に首をひねりながらも、とりあえずは目の前の試験のために暗記した、学生時代の記憶を思い出してください。新しい言葉を学ぶには、この方法がいちばん手っ取り早いのです。

「基礎編」では基本的な男女の違いを学び、「恋愛・セックス編」「結婚・家庭編」「仕事・職場編」へと進んでいきます。

気になるシーン・目的からパラパラと読み始めてください。

この本で、みなさんの人間関係の悩みが「まろやか」に解決されることを願っています。

※本書は、二〇一四年に刊行された『察しない男 説明しない女』を携書化し、再編集したものです。

察しない男 説明しない女　目次

第2章

恋愛・セックス編

わかり合えないからこそ、惹かれ合う

第3章 結婚・家庭編

家庭では女が社長、男は部下

第4章

仕事・職場編

ビジネスは男のルールでできている

コミュニケーションタイプチェックシート

あなたは男？女？のはどっち？

Aの数を数えてください

❶ 人からほめられるときには

A:「すごい!」と言われたい

B:「さすが!」と言われたい

❷ どちらかというと

A:無口

B:おしゃべり

❸ 観に行きたいのは

A:興行成績全米1位の映画

B:ヨーロッパで評価の高い映画

❹ 異性からのアプローチ、グッとくるのは

A:思わせぶりな態度

B:ストレートな告白

❺ 働く上で求めるのは

A:出世や実績に結びつく仕事

B:自分にしかできない仕事

❻ 好きなことわざは

A:「石の上にも三年」

B:「案ずるより産むが易し」

❼ 得意先からクレーム、反射的に思うのは

A:なめられたくない

B:怒らせたくない

あなたが当てはまる

❽ 心の中でうっすら思っているのは

A:「大人になんかなりたくない」

B:「ちゃんとした大人になりたい」

❾ どちらかというと苦手なのは

A:ブレインストーミング(自由なアイデア出し)

B:プレゼンテーション(きちんとまとめて発表)

❿ たまの休日。行きたいのは

A:顔なじみの行きつけの店

B:気になっていたニューオープンの店

⓫ 仕事上のトラブル。まずは

A:上司に報告

B:仲のいい同僚に相談

⓬ 靴を買いに行くとしたら

A:事前にリサーチのうえ、
靴屋や靴売り場を丹念に回る

B:いろいろ見て回って、
結果的にカバンを買うこともある

⓭ どちらかというと占いは

A:嫌い

B:好き

⓮ ゆっくり時間がとれて本を読むとしたら

A:知識が身につくビジネス書

B:人の心の機微を描いた小説

集計方法

右の表からA、Bあてはまるものを選び、Aの数を覚えてください。次ページであなたのタイプをチェックしましょう。

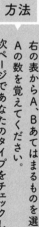

診断結果

ド男

Aが11〜14の人

コミュニケーションタイプ

非常に「男」的なコミュニケーションタイプ。もしあなたが女性なら、学生時代は女子との人間関係に苦労したのでは?

男

Aが7〜10の人

コミュニケーションタイプ

やや「男」寄りのコミュニケーションタイプ。女性なら非常にサバサバしていて、男友達も多いタイプでしょう。

女

Aが4〜6の人

コミュニケーションタイプ

やや「女」寄りなコミュニケーションタイプ。もしあなたが男性なら、女性から「話しやすい人」だと思われているでしょう。

ド女

Aが0〜3の人

コミュニケーションタイプ

非常に「女」的なコミュニケーションタイプ。もしあなたが男性なら、男性より女性と話しているほうが楽だと感じるでしょう。

いかがでしたか？

これは生物学的な男女でも性格診断でもなく、あくまでコミュニケーションタイプのチェックです。自分は男寄りか、女寄りか？
把握できたら、さっそくシーンごとに見ていきましょう。

購入者限定特典

本書をもっと楽しみたい方のために、
著者執筆の「男と女にまつわるコラム」を
ご用意しました。ぜひご覧ください。

https://d21.co.jp/special/manandwoman
ユーザー名:discover2945
パスワード:manandwoman

第1章

基礎編

男と女は
こんなに違う！

男と女のコミュニケーションは決定的に違います。

どちらのやり方が優れていて、どちらが悪いというものではありませんが、脳の構造や心理的な特徴、社会的な風習などから、「男性的」「女性的」なコミュニケーションというものが存在します。

両者のコミュニケーションはあまりに違うので、「わかりあうのはムリだ」といっても過言ではありません。「同じ人間だから」などと考えて、中途半端に理解しようとしたり、相手を矯正したりしようとすると、余計なストレスをためることになります。

基礎編では、会話や思考回路、センス、人間関係、価値観……と、男女の違いの代表例とも言える「コミュニケーションの基本形」をご紹介します。基礎編を学んでから、恋愛、家庭、仕事と、興味のある章に進むと、「ふんふん、なるほどね」とスムーズに内容が理解できるはずです。

では改めて、近くて遠い男女のコミュニケーションの世界へようこそ！

彼ら、彼女たちの言動のウラに隠れた本音と、それに対する的確な対処法を身につけていきましょう。

どんなに日本人がお洒落になったといっても、男はヤンキーに憧れ、女はファンシーが好き（p.46より）。

scene

01

コミュニケーション

男は察しない 女は説明しない

男女のコミュニケーションの最大の違いとしてよく挙げられるのは、**「男は察しが悪いけど、女は察しがいい」**というものです。

男は、相手の感情や考えを察するのが苦手。ひとことで言うと鈍感です。**職場などで「お前は察しが悪い」「気が回らない」と言われてしまうのは男性に多い傾向ですが、そういう人は、注意力・観察力が足りず、さらに、そういう習慣・意識が圧倒的に不足していることが多いようです。**

そもそも人の記憶は怪しいものですが、男性は日ごろの観察を怠っているせいで、より一層記憶が曖昧になります。彼女が髪を切っても気づかない男性は、彼女の髪の長さに対して「これは必要な情報だ」と認識していないために、「視界には入っていても見えていない」わけです。
少しだけ男性をフォローするなら、男の子は昔から「細かいことは気にするな」と育てられてきました。ささいなこと・変化に気づいて指摘しようものなら、「男のクセに！」とむしろバッシングされる。だからこそ、おおらかに構えて観察なんかしてこなかったわけですが、その結果、大人になっても「何にも気づかない」「察しない」立派な男に成長(笑)。周囲に気を使う必要のない「ひとりっ子タイプ」「長男タイプ」などは、まさにこういう傾向が強いように思います。

日本人女性は、世界的にも超エスパー

いっぽう女性は、相手の感情や考えを察するのが得意。卑弥呼をはじめ、太古の昔から、霊媒師や巫女などはいつも女性でした。**女性の感受性＝察する能力は、男性と比べてとてつもなく高いわけです。**

女性はさまざまなものを察知する「センサーが発達している」といわれます。そのため、「あれってかわいいよね」「あれよりもそれのほうが……」などと、男性にはほとんどエスパーのようにも見える高度な会話が、女性同士なら展開できるのです。

これは余談ですが、指示語が多く、結論をあと回しにする日本語は、言語的にも女性的。結論からズバズバ話を進めていく男性的な英語と比べると、「エスパー寄り」の言葉です。

そんな日本語を自在に操り、ポンポンと脈絡なく話題を変えていく日本の女性たちは、エスパー中のエスパー。男が女を理解できないのは、仕方のないことだとも思えてきます。女性は、男性相手に「エスパー話法」を使うと、置いてきぼりにしてしまうことを覚えておきましょう。

また、**女性はこれまで家庭を取り仕切ることが多かった性なので、人の行動や仕草に敏感で、特に自分が大切だと感じている子どもや家族の健康状態などに関しては、常に気にかけ、自然とよく観察しています**（ちなみに、男性は狩りをする性なので、自然環境や気温、地形などについてはよく観察する、ともいわれます）。

子どもの頃、台所で家事をしているはずの母親から「そんな格好でテレビ観ないの！」と注意され、「どこに目がついているんだ……」と思ったことはありませんか。男性なら、彼女から「整髪料変えた？」などと微妙な変化を指摘されて、ギクリとした経験もあるでしょう。浮気などで「女の勘」が当たるのは、さまざまな部分にセンサーがあり、少しの変化にも気づきやすいからだといえます。

リードしなくなった男にキレ気味の女たち

あるとき、社交ダンスを長く続けている友人女性から、面白い話を聞きました。

「社交ダンスでは、男性がリードをする。なので、基本的に女性は何もしなくていいし、体力もさほど使わない。大事なのは『察する』こと。次に何をしようとするか、どこへ足を動かそうとするか、それを察知し、合わせるのが、女性の役目なんです」

もちろん個人の意見ではありますが、なかなか示唆に富んだ分析です。リードする男。合わせる女。まさにクラシカルな男女関係が凝縮されていて、さすが、中世の時代から長らく支持されているカルチャーだな、とうならされました。

しかし、職場でも恋愛でも、男性が昔のようにリードしなくなっているのは周知の事実。そのおかげで、女性たちが「おや？ これは話が違う」とやきもきしているのが、現代の日本社会です。**「私が察するから、あなたがリードしてね」という構図が崩壊した以上、「なんで私だけが気を使わなくちゃいけないの？」「あんただって気を使いなさいよ」と女性たちはキレ気味なのです。**

説明下手な女にうんざりする男たち

「男は察しが悪いけど、女は察しがいい」の合わせ鏡として、**「男は説明好きだけど、女は説明下手（それどころか説明しない）」**という言葉もよく耳にします。

たとえば仕事のトラブル報告にしても、女性は感情的に、あるいは直感的に「大変です！」「ごめんなさい、でも……」とパニックに陥ってしまいがち。トラブルの内容より先に、自分の気持ちを伝えたり、ディティールや言い訳ばかりが長くてなかなか結論にたどり着かなかったりするため、男性からは「女の説明は要領を得ない」と思われるのです。

いっぽう男性は論理的に「これがこうなったので、こういうトラブルが起きました」と報告できます（逆にそれがあまりに淡々としていて、「お前、反省してるのか？」と上司から怒られるのも、よくある光景ではあります）。女性のように「おしゃべりを楽しむ」のが苦手な反面、話し始めたら一気にゴールまで突き進む、論理的な話し方が得意なのです。

特にビジネスの場では、論理や数字が重視され、感覚や直感は軽視される宿命。男的な対応を求める男性たちは、「説明下手」な女性たちに「ちゃんと説明してくれ」と願うし、女性たちは「そんなの、言わなくてもわかるでしょう」とイラ立ちます。そうやって男女の間に溝が生まれていくのです。

さらに男性たちが「女は感情的だから仕事に向かない」などと陰口を叩いていると、どこかでそれが女性の耳に入って、関係は決裂……。なんてことにならないよう、お互いの得手不得手をきちんと知っておく必要があります。

「わかり合えない」を前提に言葉を尽くす

恋愛ではなおさら、女性の「説明しない」特徴が色濃くなります。

デート中にいつまでもケータイをいじっている彼氏を見て、不機嫌になる彼女。しかし、彼氏は、彼女が急に黙り込んだ理由がわからず、「怒ってるの?」「なんで?」「どうして?」と質問します。そんな彼氏に対して、彼女は「なんて察しの悪い男なの」とますますイライラを募らせますが、彼氏のほうも「説明してくれなきゃわからないだろう!」と、しまいには怒り出して、ケンカが勃発……。

こうした残念な負のスパイラルに陥らないためにも、女性は「相手は男だから仕方がない」とあきらめて、くどいくらいに自分の感情をイチイチ説明してください。そうすれば彼らもちゃんとわかってくれるし、一旦わかれば案外素直にケータイをしまうものです。

少し矛盾するようですが、女性が男性に説明を求める場合もあります。**「私のことどう思ってるの？」**という、例の難問です。

実は男性は、自分の感情を言葉にするのは苦手。感じる領域である「右脳」と、言葉を操る「左脳」の連携が弱いという説もあって、女性のようになめらかに思いを伝えることができないのです。日本の文化として、「愛だの恋だの語る男は、女々しくていけない」という考えがあるので、照れもあります。

そうやって、ろくに愛情表現をせずにいると、彼女からは「私のこと好きってちゃんと言って！」と「説明」を求められることに。そんなとき、たいていの男性は「言わなくてもわかるだろ？」と返します。言葉がなければ伝わらないことはわかっているはずなのに、普段とは逆のことを言ってしまうのです。

話をまとめると、男性は相手をよく観察して、感情に寄り添うように心がけ、女性は、感情的にならず、順を追って話すよう心がけることが大事ということ。目の前の相手へ集中し、言葉をサボッてはいけません。

ひとくち男女語会話

これだけでなんとかなる基本フレーズ

今日、いつもと雰囲気違うね

とにかく相手を「察している」「気にかけている」ことをアピール。多少的外れでも会話の糸口にはなります。「そうかな？　あ、髪型少し変えたの」とでも返してくれればもうけものです。

いま、○○だから、××な気分なの

とにかく無理にでも「説明」しましょう。うまく言葉にできなくてもひとつひとつゆっくりと。「それって△△ってこと？」ととんちんかんな答えが返ってきても、あくまで冷静に。

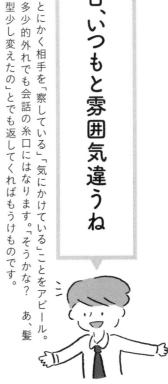

scene
02
脳の仕組み

男は理屈で動く 女は感情で動く

男女のコミュニケーションの違いは、脳の仕組みから生まれることもあります。会話をしていて「男って理屈っぽいな」「女はどうしてすぐ感情的になるんだろう」と不満を感じたことがあるのではないでしょうか。この真逆の思考・行動は、それぞれの脳の構造を知れば納得できます。

女は感情と言葉の連携がいい

女性の脳は、左脳と右脳を結ぶケーブルのような役目をする「脳梁」が太く、感じる領域である「右脳」と、言葉を操る「左脳」の連携がいいといわれています（諸説あります）。

「感情」と言葉がめまぐるしく交信するからこそ、話が直感的だったり、思いつきをぽんぽん口にしたり、あちこち話が飛んだりもしてしまいます。話している最中に感情が込み上げてきて、つい泣き出したりするのも女性に多い傾向です。

太いケーブルのおかげで、一度に多くの情報をやり取りできる、いわばブロードバンド回線のような女性の脳は、マシーンとしては男性より優秀ともいえます。大量の情報がやりとりできるのに加え、もともと高感度な「センサー」が身についているため、ものごとの細かい部分やまわりの人の感情にもよく気がつきます。これが、一般に女性のほうが「気がきく」と言われる理由です。

しかし、**その情報量の多さゆえに、決断が遅くなってしまうデメリットもあります。**男性なら、レストランでメニューを眺めて「何にしようかな？　これおいしそう、でもこっちも気になる」と悩む彼女にやきもきさせられた経験があることでしょう。これは、高解像度な画像のほうが読み込むのに時間がかかるのと同じ原理。同じメニュー表を見ていても、女性の脳には男性以上の情報が入ってきているのです。

男はモノタスクだが集中力がある

いっぽう、**男性の脳は女性に比べて脳梁が細く、右脳と左脳の連携が若干弱めといわれ**

ています。一度に処理できる情報量も落ちますし、回線でいうならアナログ回線。**つながるまでひたすらコールし続けられる「集中力」はありますが、裏を返せば「一度にひとつのことしかできない」ともいえます**（女性は「気がきく」反面、常に「気が散っている」状態ともいえるでしょう）。

しかし、男性は女性より優れた「空間認識能力」を発揮するといわれます。これは、三次元空間での位置・方向・大きさ・間隔など、物体の状態や関係性をすばやく正確に把握する能力のこと。たとえば地図をパッと見ただけで位置関係がわかるなど、すばやくものごとの本質を捉える力があります。もともと処理できる情報量が少ないかわりに、細かい部分に気をとられることなく大局を見定められるのです。

会話中であれば、「話のゴールは一体どこか」という一点に集中します。女性のように、ほかのことを考えたりはしませんし、できません。どこに問題があり、どうしたらゴールにたどり着き解決できるかに集中するため、よく言えば論理的、悪い言い方をすれば理屈っぽくなるのです。

女の「かわいい」は、「心揺さぶられている」という感覚的な言葉

いっぽう女性は自分の「感覚」を大切にします。それは、女性がよく使う「かわいい」という言葉にも表れています。たとえば女性が白いレースのワンピースを見て「かわいい」と言ったとします。でも、それはあくまで「今ここにあるワンピース」がかわいいのであって、その女性が白が好き、レースが好き、ワンピースが好き、ということとは必ずしも一致しません。

「かわいい」とは客観的な基準ではなく、「今、私の心が揺さぶられている！」という感情なのです。１００％主観です。

男性はこの「かわいい」という感覚が理解できないため、彼女が白いワンピースを見て「かわいい」と言えば、そこから「白い服」「レース」「ワンピース」などの記号を勝手に読み取ります。そして、次のプレゼント選びに生かそうとします。

しかし、彼女の誕生日に白いスカートやレースの小物をプレゼントしても、たいていの場合は失敗に終わるでしょう。「この前、かわいいって言ったじゃん！」と抗議しても無

駄。この前はこの前、今は今。女性の「かわいい」は刻々と変化するものでもあるのです。

理屈が通っていないと納得できないのが男

女性ほど感覚に自信が持てない男性は、理屈でものを考えようとします。女性のように「今日のランチは『なんとなく』蕎麦の気分だな」とは考えず、「昨日はサンドイッチだったし、その前はカツ丼だった。その前は……」と数日間のランチメニューを洗い出し、「……だから、久しぶりに蕎麦を食べるのがいちばんいいだろう」という結論にたどり着くのです。さらに「今日は暑いし、あの店なら会社の人間に会うこともないし、ゆっくりできそうだ。うんうん」などと付け加えることもあります。理屈が通っていないとすっきりせず、行動に移せないのです。

そんな男性に対して女性は「何をウダウダ言ってるんだろう」とイライラ。「それくらい考えなくてもわかるでしょ」というわけです。

男が理屈っぽくなる理由、女が感覚的になる理由、わかってもらえたでしょうか?

ひとくち男女語会話

相手が話を聞く気になるマジックワード

なんとなくだけど、〇〇な感じかな

ハッキリしていることでも、論理立てて話すのは禁物。「なんとなく」「〜な感じ」「〜だよね」など、あいまいな表現でも、相手は正確に察してくれます。

ポイントは3つあって……

ゴールの見えない会話が大っ嫌いな相手には、最初に「3つ」と示してあげること。話しているうちに別のことを思いついたら、そのたびに「あとね……」と付け加えてもOK。

scene

03

同性との関係

男は縦社会で生きている 女は横社会で生きている

男と女では、人間関係の構造が違います。男同士は完全に縦社会、女同士は先輩後輩関係よりも横のつながりを大事にします。この項ではそのあたりを見ていきましょう。

上下関係がはっきりしないとソワソワする男

男同士の人間関係はひとことで言えば体育会的。男たちはいつでも年齢を気にします。おおむね鈍感な彼らが、唯一敏感に反応する部分といってもいいでしょう。これは、年上に気を使っているというよりむしろ、年齢の上下で「偉い」か「偉くない」かを決めて役割分担をするほうが、気楽で彼らの性に合っているから。

たとえば合コンで、男性チームが会社の先輩・後輩関係だった場合、先輩は後輩のことを「こいつ、なかなか仕事できるんだよ」とほめたり、逆に「こいつ、おもしろい趣味しててさ」などといじって、女性陣を楽しませようとします。

後輩は「いや〜、先輩にはかなわないっすよ〜」と先輩を持ち上げ、かいがいしく新しいお酒を注文し、なんなら一気飲みのひとつもしてその場を盛り上げようとします。なんと美しい連係プレーでしょうか。

しかし、これが同期の男ばかりのチームになると話は別。年齢が同じ彼らは途端に張り合い始め、楽しいはずの飲みの場はギクシャクしてしまいます。**年齢という絶対的な上下関係がないので落ち着かず、つい力で相手をねじ伏せて「上」になろうとするのです。**

また、結婚披露宴などで初対面の人間だらけの「男テーブル」ができてしまうのも不幸のもと。男性たちは途端にそわそわし始めます。**お互いの年齢もわからず、職業もわからず、肩書きもわからない状況だと、不安でどう接していいかわからないのです。**

観察していると、そのうち誰かが「ところで……」と年齢を尋ねるはずです。オレは30歳で、右隣の男は35歳、左隣は29歳で、向かいは32歳……と年齢がわかって初めて、男同士のコミュニケーションが始まるのです。

なんとも不思議な作法ですが、さらに年齢がわかっても、「上司なのに年下」「年下の外国人」「自分は中小企業の部長だけど、相手は大企業の課長」など、イレギュラーなケースになると彼らはまたまた困惑します。「ＣＦＯ」「ＣＭＯ」など、パッと見でどれほど偉いのかがわかりにくい肩書きも最近は多く、男性のストレスの原因に。

肩書きといえば、**男性は肩書きを与えられるとやる気が出る生き物です**。なぜなら年齢と同じく、そこに上下関係が生まれるからです。

以前、高校生がボランティアで手伝うイベントに参加したとき、そのことを強く実感させられました。準備をしている間中、精神年齢が高く臨機応変に動く女子たちに比べて、男子たちは驚くほど役に立たない「子ども」でした。じゃれ合う彼らを最初は微笑ましく眺めていたのですが、次第に「もっときびきび働いてくれよ！」という気持ちになってきました。

そこでこの「肩書きルール」を思い出し、男子たちに「君は受付係長ね」「君は○○長」と、リーダー役を与えていったのです。それからの彼らの働きぶりには、目を見張るものがありました。「上司」になったことで責任感が生まれたのでしょう。「部下」である他の男性生徒たちに指示を出し、自ら仕事を見つけ、実によく働いてくれたのです。高校生とて、立派な男。彼らはすでに縦社会に居心地の良さを感じているのでした。

ちなみに、仕事の現場では「上司」「部下」に始まり、「下請け」、領収書の「上様」など、「上」「下」という言葉を非常によく使います。これは、仕事が圧倒的な男社会であり、縦社会であることの象徴でしょう。

女の団結力は諸刃の剣

いっぽう女性は、男性のように年齢や肩書きの上下を気にする習慣はありません。**初対面のパーティなどでも、年齢に関係なく、すぐに打ち解けて歓談できるのは、女性ならではの特技です。**

男女平等の権利を得たはずの現代でも、女性は社会的に弱い立場におかれやすいため、「強い男」に対抗するべく女同士で団結しようとします。

また、女性の肩書きは「一流企業の夫を持つ専業主婦」「バリバリ働くママ」「海外留学中の独身女性」「夢をかなえた○○作家」など、多種多様。結婚や出産、職業、収入、資格などのスペックが入り組んできて、同じ物差しでは比較できなくなるというのも縦の関係が機能しない理由のひとつでしょう。

しかし、「横社会」ならではの辛さもあります。女子の人間関係は「みんな仲良し」で「友達と一緒にトイレに行く」世界なので、その「つるむ」ルールからはみ出すことができません。「仲良くなければならない」という呪縛から、気の合わない同僚とランチに行ったり、話の合わない友達と楽しいふりをしながら過ごしたり。そのあたりのニュアンスを解さない彼氏に、そのことを相談しても「イヤならやめればいいのに……」と、取り合ってもらえません。

また、本来は縦社会であるはずの職場でも、同僚の女性を出し抜くことができず、思いついた企画を引っ込めてしまったり、「仲良くみんなで」と他人の意見に合わせてしまったり、本来の力を発揮できないケースがあります。

男と女のコミュニケーションは、その先にいる「男たち」「女たち」とのコミュニケーションでもあります。相手の人間関係ルールを尊重して、上手につき合いたいものです。

ひとくち男女語会話

相手のまわりの人間関係について話すとき

仲良しなんだね

自分のまわりの人間関係を尊重されると、安心できます。逆に「○○さんはああだ、××さんはこうだ」と分析されたりけなされたりすると、落ち着きません。

○○さんとは、どっちが先輩？

上下関係が定まらないと落ち着かない相手には、年齢や肩書きを確認してあげましょう。「あいつは同期だけど年はひとつ上」とか「直属の上司じゃないけど、リーダー」など、いそいそと説明してくれます。

scene

04

価値観

男は野球で育つ 女はままごとで育つ

男と女の価値観は、「野球」と「ままごと」に凝縮されます。

『会社のルール　男は「野球」で、女は「ままごと」で仕事のオキテを学んだ』（パット・ハイム、スーザン・K・ゴラント著）という本があります。この本では、アメリカでコンサルティング会社を経営する女性が、男性と女性の仕事に対する姿勢がどのように違うかについて、目からウロコの解説をしています。

男性は、（多少の個人差はありつつも）子どもの頃から野球やサッカーなどのチームスポーツに親しんでいます。そこでは、監督がバントしろと言ったら、文句を言わずにバントをする。「かっこいいところを見せたいから失敗しても打つ！」などと歯向かったりはせず、**チームが勝てば自分の手柄でなくても大喜びするのがルールです。**

「友情」「努力」「勝利」。『少年ジャンプ』であり『ワンピース』な世界観。これが多くの男の大好物なのです。そういった環境で全体主義的な価値観を育んできた男性は、簡単にビジネス・会社の世界に馴染むことができます。

しかし、女性が子どもの頃に親しむ遊びの代表は「ままごと」。リカちゃん人形でもシルバニアファミリーでも、根っこの部分は「ままごと」と同じです。そこには明確な目的もゴールもありません。**みんなで楽しく仮想世界をつくり上げる、「協調性」や「共感」が重んじられる世界です。**そのため、「誰かの命令だから」と従ったり、「全体の勝利のために」邁進するビジネスの世界には、根本的にそぐわないのです。

男は成長したがり、女は変身したがる

似たような対比として、「成長」と「変身」というものがあります。

野球をしてきた男性は、「成長」という言葉が大好きです。昨日より今日、今日より明日、何かが大きくなっていく、強くなっていくことに楽しみを見出します。筋トレが好きなのも男性ですし、無意識に会社を大きくしようとするのも男性社長です。

いっぽう女性社長は、会社の規模よりも仕事の内容や社内の雰囲気を大切にします。やはりここでも、「ままごと」の経験が影響しているのでしょう。

ゲームに夢中になり、「仕事オタク」になりがちな男

男性の人生は「シューティングゲーム」に例えると、わかりやすいかもしれません。女性に比べればシンプルなもので、学校を出て、就職したら、あとは働くだけ。結婚や子育てというボーナスイベントはあるものの、どこか他人事だと思っている節があります。

そうなれば、**結局のところ男性は、「仕事」というステージで得点を積み上げていくしかありません。**年収を増やし、肩書きを得ることで達成感を感じられます。

脳の構造上も、男性はひとつのことをやり続けるシューティングゲームが得意。こうした要素を突き詰めると、「趣味は仕事」という立派な「仕事オタク」が完成します。

「仕事オタク」には、いくつかの問題があります。まずは、恋愛や家庭を疎かにしがちなこと。女にしてみればゲームに夢中な彼氏に対しては、「バカじゃないの！」と叱ることができても、対象が仕事となると「仕事熱心なのはいいことだし……」と、注意しづらく

なりますよね。

そのため、誰にも注意されないまま、仕事だけをし続けて、恋愛も家庭も一切放置。しかし、彼らにとって仕事はゲームと同じこと。女性は「仕事ばっかりしないで！」と怒る権利があります。

また、「仕事オタク」はいい上司にもなれません。というのも、彼らが得意なのは業績アップ＝シューティングゲームであって、後輩を育てる＝シミュレーションゲームとはまったく別物。現場ではエリートだったのに、管理職になったらてんでダメ、という男性は、「仕事オタク」の典型でしょう。

人生の多様性と「シンデレラ」が、女に変身願望を植え付ける

さて、男性の「成長」に対して**女性は「変身」を好みます。**お母さん役に変身、お父さん役に変身など、「ままごと」が持つ芝居的な要素も、女性を惹きつける魅力のひとつでしょう。

同じステージで成長するより、ステージどころかゲームさえ変えて、まったく新しい自分にリセットしたいと考えるのが女。女性の人生の選択肢の複雑さも、変身願望を加速さ

せる原因のひとつで、結婚の経験、子どもの有無、仕事との関わり方……と、女性は自分の選択によってまったく違う人生を歩むことができます。

非常に選びがいのある人生ゲームですが、「結婚すればクリア」「子どもを2人産んだら勝ち」というような明確なルールもゴールもないため、いつまでたっても不安が残ります。「もしもあのとき、仕事を辞めなかったら」「もし、あの人と結婚していたら」と、「あったかもしれないもうひとつの人生」「生き直し」を追い求め、他人をうらやんでしまうのです。

また、弱い立場におかれることの多い女性たちは、無意識のうちに「かわいそうな私をいつか誰かが救い出してくれる」と思いがちです。この妄想を強固なものにするのが、小さい頃に読んだおとぎ話。『シンデレラ』のように、どんな境遇からスタートしてもお姫様になれる。少なくともその可能性がある、というメッセージが忘れられないのです。

そして実際、現在自分がどんな状況でも、結婚相手次第で人生が大きく変わる可能性があるので、なかなか変身願望を捨て切れません。ファッションやメイクで日常的に「プチ変身」を続けてきた経験も、女性に「いざとなったら変われる！」という自信を与えるのかもしれません。

ひとくち男女語会話

一緒に仕事をするとき

みんなで一緒にがんばろう！

協調性と雰囲気を重んじた言葉で、士気を高めることができます。モチベーションさえ高まれば、細かな指示などしなくても、気をきかせて動いてくれます。

私は何をすればいいですか？

チームの中で求められている自分の役割を尋ねましょう。そうすると「○○を見てもらえるかな？」「××の件を頼むよ」などと、相手としても指令しやすくなります。

scene

05

センス

男はヤンキー好き 女はファンシー好き

最近の若い人はとてもお洒落です。昔と比べればスタイルも格段に良くなっていますし、日本人の「平均お洒落度」もグッと上がっています。

しかし、どんなに日本人がお洒落ぶってデザインやインテリアを語っても、根底にある「男のヤンキー好き」と「女のファンシー好き」からは逃れられません。

ヤンキーを極めれば侍。由緒ある男のヤンキー体質

ひところ「マイルドヤンキー」という言葉が流行りましたが、**男の世界は昔から「ヤンキー崇拝文化」です。**『クローズ』『東京卍リベンジャーズ』のような不良の世界がカッコいいとされていますし、おとなしい文系男子でさえ一度は「ワル」に憧れます。（最近は減

りましたが）高校生や大学生がタバコを吸い始めるのは、悪いことをする自分がカッコよく思えるから。悪い＝憧れの対象なのです。

見た目のワイルドなＥＸＩＬＥファミリーは、「マッチョ」「仲間（絆）」「礼儀」と三拍子そろった現代ヤンキーの代表格。彼らは、女性だけでなく男性からも支持されています。ドクロなど「怖そうなもの」や、龍や虎など「強そうなもの」がデザインされた服も根強く人気。地方に行くほど、このヤンキー崇拝傾向は強まります。

男性が「ヤンキー」的な要素を好むのは、「勝ちたい」「他人になめられたくない」「人の上に立ちたい」「強くなりたい」という男の願望の表れです。要は、**「やるのか！」「バカにしてんのか！」「なめんなよ！」**というわけ。

地方に行くほどヤンキー要素が好まれるのは、「地元」と呼ばれる狭い世界ほど「なめられる」か「なめられない」かが重要だからでしょう。

気高い日本の魂の代表であるようにいわれる侍の存在も、実は、ヤンキーと似たようなものです。「武士道というは死ぬことと見つけたり」という『葉隠』の有名な一説も、侍の気持ちになって訳せば、**「なめられるくらいなら死んでやる！」**。ちょんまげも肩の張った裃《かみしも》も、極めてヤンキー的なファッション。ヤンキーを極めると、侍になるのです。

幼さとかわいさで武装する女

そんな男たちが夢中になるのは、かわいくて「おバカ」な女性アイドル。**「なめられたくない男」が主流の日本では、経験豊かな大人の女性より、何も知らない幼い少女がよしとされます。**無知や若さこそ、多くの男性が究極的に求めるもの。

それを無意識に感じている女性たちは、キティちゃんやシナモロールなどサンリオのキャラクターを愛し、ピンクの服を着て、部屋中にハートを散りばめます。「かわいい」という言葉に凝縮される「ファンシー」を身にまとうのです。

メイクやファッションにも「幼さ」を取り入れて武装します。少女のような「ガーリーファッション」や人形のような「ドーリーメイク」はもちろん、自分たちを「女子」「乙女」「姫」などと呼ぶのもそのためでしょう。この国で多くの男性にモテるためには、若さをあきらめるわけにはいかないのです（残念なことです）。

ちなみにこの「かわいい」という言葉を、なかなか男性は使いこなせません。男性に理解できるのは、動物や赤ちゃんに対する「かわいい」と、ピンク色のもの、リボンやハートのアクセサリーに対する「かわいい」くらいのもの。言うなれば、ファンシーとしての「かわいい」です。

しかし、**女性の「かわいい」は、万能語です。**スリムなシルエットの黒いパンツやスタッズのついたバッグなどに対しても「かわいい」と言いますし、手ごろで心そそられる値段の商品に対して「かわいい値段!」と言う人さえいます。

女性の気持ちになって訳すなら、「今、私の心は揺さぶられている!」「とても気に入っている」という意味なのです。

非常に直感的なものなので、「かわいい」にルールはありませんし、女性は男性から「リボンのデザインが好きなんだね」「青い服が好きなんだ」などと言われるのを嫌います。「私の『かわいい』を勝手に決めつけないでよ!」と感じるのです(そして、多くの場合、男性の見立ては的外れです)。

また、「かわいい女友達連れてくからね」と言って連れてきた女性に対して、男性が「美人じゃないぞ!」「自分よりかわいくない子を連れてきたな」と腹を立てるのもお門違い。先ほども言ったように、「かわいい」は見た目だけのことを言っているわけではありません。見た目も含めて「自分の心が揺さぶられた」という意味なので、「性格がかわいい」こともありますし、「考え方がかわいい」こともあります。

女性にしてみれば「せっかく紹介してあげたのに、どうしてこのかわいさがわからないの？」という気持ちでしょう。どうしても見た目が美しい女性と会いたいなら、「客観的に外見の美しい人を連れてきて」と頼むべきです。それなら、男性が思う「かわいい」女性がやってきます。ただし、そんなことを言うと「最低ね！」と思われてしまい、誰も紹介してもらえない可能性のほうが高いですが。

お互いに尊重し合うのが唯一の道

ヤンキーに憧れる男とファンシーを愛する女がうまくやっていくためには、お互いのエリアにあまり踏み込まないことです。消極的なようですが、こればかりは感性の問題なので、言動のように矯正することができません。一緒になって何かを選ぼうと思っても、うまくいくはずがないのです。

それよりは、「ダサい」「変」などと怒らせるようなことを言わず、そっとしておくのがいちばん。「こんなのどこがいいんだろう？」という本音はぐっと飲み込んで、お互いの好みを尊重するのが平和への第一歩です。

ひとくち男女語会話

相手のセンス・持ち物をほめるとき

それ、かわいいね

問題は「かわいい」か「かわいくないか」ではありません。「あなたが好きでいるそのアイテム、自分も好きですよ」という共感こそが、なによりの褒め言葉になるのです。

それ、すごい！

「すごい」と言っておけば、いろいろな意味で相手のプライドを満たすことができます。「強そうで、えーっと、かっこいい？」などと、無理に言葉をつくすよりも効果的です。

第2章

恋愛・セックス編

わかり合えないからこそ、惹かれ合う

さて、この章からは具体的なテーマの中で、男と女の違いについて考えていきます。まず最初に取り上げるのは「恋愛・セックス」です。

恋愛とは「互いに好意を持った男と女が、徐々に仲良くなっていくコミュニケーション」です。……というと、聞こえはいいですが、実際はそこに性欲や妄想、打算や嫉妬がからんでくるので、とてもリアルで生々しいものになりがちです。

家庭や職場では、理性である程度おさえられる人間たちも、こと恋愛となると本能がむき出しになります。つまり、この「恋愛・セックス編」こそ、原始的な男と女、オスとメスの違いがもっともハッキリと出てくるテーマということ。

あの人はいったい何を考えているんだろう。知りたい、けどわからない。胸が苦しくて辛い。なのにどうしても気になる……。恋愛には、わかり合えないからこそ惹かれ合う、男女の不思議が詰まっています。

「もう恋愛は卒業した」「そういう甘ったるいのは興味ない」という人もいるかもしれませんが、この章で描かれる男女のコミュニケーションの違いは、他のテーマにも相通じるものの。気楽に楽しみながら読み進めてみてください！

過去の恋人を別ファイル保存する男と、上書き保存する女。
経験人数を聞かれたときのベストアンサーとは？(p.118より)

scene
06
理想の恋愛

男は「初めての男」になりたい 女は「最後の女」になりたい

男が究極的に好むのは、「真っ白な女」です。

古くは『源氏物語』の例もあるように、何も知らない、経験の浅い女性をリードして、自分色に染めていくのが男の夢。21世紀になっても、いまだに「処女性」に価値を感じる男性は数多くいます。

こう言うと、「未開の大地を耕したい」という男らしいフロンティアスピリットの表れのようですが、実は弱気の裏返しでもあります。**男性は、女性にとって「最初の男」になることで、前の男性と比べられるのを避けたいと思っているのです。**

自分が最初の男なら、どこにデートに行っても、どんなキスをしても「前の彼のほうがいいところに連れて行ってくれた」「前の彼のほうがうまかった」などと言われずに済みます。「こんなの初めて！」と感激してくれるシーンも多いでしょう。

自分に自信がないからこそ、「真っ白な女性」を求めているとも言えるでしょう。

いっぽう**女性が求めるのは、「完成された男性」です。**

女性は変身願望があり、「いつか白馬の王子様が自分の人生をステキに変えてくれる」と思いがち。そういった依存的な考えがあるため、できるだけ洗練され、成功した大人の男を求めます。そして、このこだわりや条件は年を重ねるごとにより複雑になります。「ここまで待ったのだから、もっといい男じゃないと納得できない」というわけです。

ですから、相手にとって**「最初の女になりたい」とは思いませんが、「最後の女になりたい」という希望は持っています。**つまり、恋愛の延長線上に、「結婚」というゴールを当然見据えているということ。その点では、女性のほうが恋愛に対して現実的だともいえるでしょう。

かみ合わない男女の「需要と供給」

このように、恋愛において男と女の思惑はなかなかかみ合いません。

男が「できるだけ何も知らない若い女がいい」と思っている以上、女性が大人の年齢になるとモテなくなってくることが多いのが現実。

そのため**女性も、ある程度の大人になったら「年下の男を育てる」のがいいかもしれません。**といっても、せっかく年下に目を向けても、20代後半〜30代前半の男は、人生でいちばんモテる時期を謳歌しています。ですから、たとえば女性が35歳なら、20代前半の「まだ右も左もわからない」若い男性をターゲットにしましょう。

若い男は完成されていませんし、リードしてくれることもありませんが、10歳以上年が離れていると、「男と女の違い」に「ジェネレーションギャップ」が加わるため、コミュニケーション上の行き違いがそこまで気にならなくなるというメリットもあります。お互いに「考え方が多少違っても当たり前」と大目に見ることができるのです。

実は**最近の若い世代（10代、20代）の恋愛事情はもっとずっと地に足の着いたものになっています。男女のコミュニケーションそのものが非常にフラットになり、極端な違いがなくなってきているのです。**そのため、真っ白な女を求める男性も、完成された男を求める女性もぐっと少なくなりました。

いちばん仲のいい女友達・男友達と、はじめから夫婦のように身の丈に合ったつき合いをし、大恋愛をせず結婚することが多いといわれているのは、そういう理由からなのです。

ひとくち男女語会話

つき合い始めの相手を喜ばせたいとき

こんな気持ちになるのは、君が初めてだ

「いままでつき合ってきた相手とは、まったく違う感覚です」「だからこそ、あなたで決めてしまいそうですよ」ということをアピールします。

こんな経験、初めて！

「いままで経験したことのないことを経験させてもらっています」「だから、これからあなたの色に染まってしまいそうですよ」ということをアピールします。

scene

07

異性の好み

男はみんなが好きな女が好き
女は自分が好きな男が好き

異性から「モテる」人物は、小学生くらいまでは人気が集中します。子ども時代を思い出してください。男の子なら頭がよかったり、スポーツが得意な子がモテていましたよね。女の子なら「見た目がかわいい子」がいちばんモテていたのではないでしょうか。

しかし、中学生・高校生と年を重ねていくと、自分と趣味が合うとか、ちょっと不良っぽいとか、女子からモテる男子はだんだん細分化していきます。いっぽう、男子からモテる女子は相変わらず「見た目がかわいい子」。この傾向は、大人になってもほとんど変わりません。

「いい女」を恋人にして
オスとしての強さを誇示したい男

男性からの人気が「見た目がかわいい子」に集中するのは、理由があります。

男性は、自分がつき合う女性のことを、どこかでマスコットやアクセサリー、あるいは狩りの獲物のように考えているのです。成功した証として美女を妻にして自慢する「トロフィーワイフ」という言葉もあるほど。

男性にとっては、自分が連れている女が「みんなが認めるいい女」であることが望ましい状態。「いい女」を一生懸命口説くのも、大きな獲物を射止めることで、自分のオスとしての強さをまわりに誇示したいからです。

まわりから「いいな」と羨まれることが女性選びの基準になるので、「CA（キャビンアテンダント）」「女子大生」「モデル」など、わかりやすく華やかなブランド・キーワードも大好きです。男友達に「いいな」と言われて初めて、「いい女とつき合っている」と確信し、満足できます。そのため、本人は気づいていませんが、自分の中に「好きな女の基準」というものを持たない男性も多いようです。「つき合ったらみんなから一目置かれる女の子がタイプ」というわけです。

自分に合う相手を鋭い嗅覚で見分ける女

いっぽう女性も小学生くらいまでは「みんなが認めるいい男」に夢中になります。その年頃は女性も動物的に、知能や身体能力などわかりやすい基準で相手を選びます。

しかし、**精神年齢の高い女子たちは、中高生にもなると自分独自の「好きな異性の基準」を持ちはじめます。**そうして、ただかっこいいだけの男子に人気が集中することはなくなり、「サブカルに詳しくて話が面白い文系男子」や「手のキレイなアート系男子」「スポーツに熱中する、体格のいい体育会系男子」などもモテ始めるのです。

女性の「かわいい」が複雑で主観的なのと同じように、女性にとっての「かっこいい」も非常に複雑で十人十色です。これは、男性にとっては、可能性が広がるという朗報でもあります！

女性たちの好みが分散するのは、女性が無意識に相手を「子どもの父親になる人」という観点で審査するからでしょう。女性は、自分に合う相手を「本能」とでもいうべき鋭い嗅覚で見分けます。「女は完成品が好き」という話をしましたが、これも「まわりから認められる」完成品ではなく、「自分にフィットする」完成品という意味です。

もちろん、中には「年収1000万円以上」「○○大学卒」などのスペックや、わかりやすいステイタスにこだわる女性もいますが、この場合、恋愛というよりは、結婚やその後の生活を見据えてシビアに相手を選んでいるのでしょう。

どちらにせよ、女性は自分の観察眼に自信があるため、まわりのどんなアドバイスにも耳を貸しません。**本能にせよ打算にせよ、「コレ！」という基準を決めたら最後、どこまでも自分の基準にかなう「自分だけのいい男」を追い求めます。**

相手好みの自分をアピールしてまずは恋人候補にエントリーを

さて、こうした特徴を踏まえると、対男性の場合、自分が「価値の高い女だ」とさりげなくアピールすることが必要です。といっても、自分で「いい女だ」と言うのでは芸がありません。そうではなく、**「彼氏がいる」と言うことで、すでに他の男性から魅力を認められた女だと伝えるのが効果的。**その上で、「彼氏とうまくいっていない」「別れようかと思っている」などとグラついていることをアピールするといいでしょう。そうすれば、新しい恋に対して前向きな姿勢も伝わります。

いっぽう、多様な価値観を持つ女性たちには、何が魅力として評価されるのかわかりません。見た目が刺さるのか、趣味が刺さるのかわからない以上、ダメもとでアピールしていくのもひとつの手。

「好き」という感情には法則性がないため、「絶対」はありません。とはいえ、自分の魅力が伝わりやすいコミュニケーションのとり方は確実にあります。まずはスタート地点に立つことで、恋のチャンスをつかみましょう。

ひとくち男女語会話

意中の相手の気を惹きたいとき

○○ちゃんらしいよね。そういうところ、いいと思う

相手のセンスや好き嫌いにすかさず共感しほめることで、「個性を認めてくれている」「自分と同じ感覚を持っている」→「あれ、好きかも？」となります。

彼氏はいるんだけど、うまくいってないんだ

きちんとパートナーはいるけれど、順調ではない旨を伝えることで、「彼氏がいるぐらい、ちゃんとした子なんだな」「でも、つけいる隙はあるんだな」→「あれ、好きかも？」となります。

scene

08

理想の口説き文句

男はナンバーワンになりたい 女はオンリーワンになりたい

男にも女にも同じく「愛されたい」という願望があります。しかし、誰から・どのように好かれたいのかは大違い。

ひとことで言うなら、男は「ナンバーワンになりたい」と願い、女は「オンリーワンになりたい」と思っています。

恋人以外からもモテたい男、恋人に愛されたい女

先ほど、究極的に男が求めているのは「真っ白な女」だという話をしました。何も知らない若い女をリードして、自分色に染め上げる『源氏物語』が男の夢。この大前提は変わりません。

しかし、本当に真っ白な女を手に入れるのが難しいことは、男も内心わかっています。その代わりとして、歴代彼氏の中でナンバーワンになりたいと考えるのです。序列を気にする習性が、順位にこだわらせているともいえるでしょう。

しかも、男性の「勝ちたい」「いちばんになりたい」という欲求は、実は歴代彼氏にとどまりません。女性にとってはまったく理解できないことですが、彼女が「佐藤健ってカッコいいよね」と芸能人を見てはしゃぐのも、本心では受け入れられず嫉妬しているのです。大げさな言い方をすれば、**男性は彼女にとって「全人類の中でいちばん」でありたいと思っています。**

さらに始末の悪いことに、**男性には「彼女以外の女性からも好かれたい」「モテたい」「チヤホヤされたい」という願望もあります。**彼女がいても合コンに行きたがったり、「キャバクラに行ってモテた」などと言って喜ぶのはそのため。

本能的に種をばらまく性なので、いつまでたっても「より多くの女性から求められたい」という欲望が消えないのでしょう。男性は恋人にとってのいちばんでありたいし、それと同時に不特定多数の女性からもたくさんモテたい。これが本音です。

いっぽう女性は、不特定多数の男性からモテることにあまり興味がありません。というのも、女性は恋愛において受け身の存在。もちろん、自分から男性にアプローチする積極的な女性もいますが、一般的には「男性が口説き、女性が応える」ケースが多いでしょう。

そのため、「攻撃」よりは「守備」に重きを置くことになります。結果として、**好きでもない男に言い寄られてめんどうなことになるよりは、自分が好きな一人の男性だけに愛されたいと感じるのです。**

男には「あなたがいちばん」、女には「君だけだよ」

このように理想の形が違うため、男性と女性とでは「刺さるセリフ」が異なります。

たとえば彼女から「私が好きなのはあなただけ」と言われても、正直男性はピンときません。彼氏に愛情を伝えるときは、「いままででいちばん」「あなたがいちばん」と言って、「ベストだ」という部分を強調しましょう。

ここで注意したいのは、「何がいちばんか」という部分をあまり具体的にしないということです。たとえば「いちばん仕事ができる」などと限定すると、それ以外の部分が誰かに負けているかもしれない可能性が残り、またしても不安に。「いちばんカッコいい」というように、ふわっと言ったほうがいいでしょう。

男性が彼女に愛情表現をする場合は、「君だけだよ」「すごくタイプです」と言って、「僕にとって君がオンリーワンだ」というアピールをしましょう。

男性は自分が序列を気にするため、つい「君がいちばん好きだ」などと言いがちですが、これは女性にとってあまりいい言葉とはいえません。女性は「いちばんだ」と言われると、**「誰と比べているの？」「2番目に好きな人がいるわけ？」**と疑いを持つからです。

誰と比べるわけでもなく、「純粋に君しか考えられないのだ」と伝えましょう。

また、これはちょっとしたテクニックですが、「君しかいない」という言葉に信憑性を持たせるには、彼女の細かな変化に気づいて、その都度指摘する必要があります。

女性は、結果よりもプロセス、言葉そのものよりも態度を重視するので、口先だけロマンチックなことを言っても意味がないのです。髪を切った場合はもちろん、「メイク変えた？」「新しい服買ったの？」などなど。そういった細かい変化を指摘されると、女性は「この人は私のことを気にかけてくれているのだな」と感じて、愛情を実感できます。

男性は、細かい部分にまで注意が回らないことが多いので、意識して彼女をつぶさに観察したほうがいいでしょう。最初のうちは「めんどくさい……」と思うでしょうが、大丈夫。たいていの他のことと同様、慣れればできます。

「愛されたい」気持ちは同じでも、男は「いちばん」と言われて満足し、女は「君だけ」と言われて安心します。自分の感覚ではなく、相手の流儀に合わせた表現で、自分の愛情を伝えていきましょう。

ひとくち男女語会話

長くつき合っている相手を喜ばせたいとき

僕にとって特別な人なんだ

女性を比較するのは御法度。「他の女性とは比較にならない」「特別」ということをアピールすれば、相手の「オンリーワン」欲求を満たすことができます。

世界でいちばん、好き！

文句なしのいちばんであることを保証してあげましょう。相手の「ナンバーワン」欲求を満たすことができます。他にも「宇宙でいちばん、好き」「今までで、いちばん幸せ」など。

scene

09

恋とセックス

男にとって恋愛はゲーム 女にとって恋愛は結婚

恋愛のメインイベントを「口説きゲーム＝セックス」と捉える男性と「結婚＝子ども」と捉える女性との間には、どうやっても埋められない溝があります。

男にとって恋愛のメインイベントはセックスであり、「気に入った女性を口説き落として、キスをして、セックスに持ち込む」というゲームでしかありません。

本人は「恋だ」と勘違いしていることも多いのですが、性欲や征服欲を満たすために「恋らしきもの」に没頭しているだけ。というと身も蓋もありませんが、特に若い男性が恋愛をするのは、相手のことが好きだからではなくセックスがしたいからなのです。中高時代の男子は、ほぼ女子のカラダしか見ていないといってもいいでしょう。

いっぽう**多くの女は、恋愛の先に結婚や子どもというゴールを見ています。**「好きだから」と言いつつも、頭のどこかでは「生活」のために結婚しようとするのです。

となれば当然、男性の収入や将来性も気になりますし、「異性としての魅力」と同時に「父親としての適性」を見たりもします。これを「打算」と呼ぶ人もいるでしょうが、妻や母の視点で男性を吟味するのは大人の女性にとって当たり前のこと。

しかし、まだ結婚を意識していない中高生時代の女子は、まったく別の行動をします。男性のように性欲に突き動かされることはない代わりに、「ドラマのような恋がしたい」と願い、「恋に恋をする」のです。相手の男性に夢中になっているというよりは、恋愛映画や少女マンガで見たような恋愛をすることに夢中。やはりこちらも、「恋らしきもの」をしているだけだといえるでしょう。

キスまでが楽しい男、キスからが楽しい女

さて、セックスに対する感覚も、男性と女性とではまったく違います。

これもよくいわれる話ではありますが、**極端に言えば男性は、誰とでもセックスができます。**本能的に「種をばらまきたい」「子孫を残したい」という欲求があるため、好きで

もない相手とでも平気で寝ることができるのです。

そして、**セックスをして「落としたな」と感じればゲームクリア**。何度かセックスをするうちに徐々に熱は冷め、「もう好きじゃなくなった」と恋が終わったかのように感じます。しかし、実のところは単に同じ相手とのセックスに飽きただけ。なかには、「キスまで持ち込めたら、あとはやる気が失せる」と語る男も少なくありません。


反対に、**女性はスキンシップをとると相手に情が移りがち**。

そこまで好きではなかったはずなのに、キスやセックスをした翌日から急に愛しさが増してきたり……。

女性は、男性のように誰とでも寝ることはしません。基本的には、好きでないとセックスをする気にはなれないのです。

そのため、一度肌を重ねた、自分のテリトリーに入ってきた相手のことは「自分が認めた異性だ」と認識します。その結果、セックスをすると愛着がわくのです。逆説的ですが、情が移ってしまう自分を予感しているからこそ、おかしな相手を好きにならないためにも、セックスの前に気持ちを確認しているともいえるでしょう。

性欲を恋愛の原動力にする男と、結婚を恋愛のゴールにする女。キスまでが楽しい男とキスからテンションが上がる女。エネルギーも盛り上がるポイントも違うため、恋愛にすれ違いはつきものです。

しかし、「若い男性」「中高生の女子」などと年齢を強調してきたのには、理由があります。実は、性欲のピークは男女で違う時期に訪れるのです。**男性の性欲のピークは20歳、女性の性欲のピークは40歳。ちょうど30歳になる頃、男女の性欲は同じレベルになり、その後は女性の性欲が上回り、男性は年々やる気をなくしていくといわれています**（女性が結婚しても「女として扱われたい」と感じ、男性が結婚後ちょっとしたことでED（勃起不全）になったりするのも、このあたりに原因があるのかもしれません）。

つまり、どんな男性もアラサーくらいになれば、性欲に振り回されずに恋愛できる可能性が高まるといえます。

結婚したくない男、結婚したい女

多くの男性は恋愛というゲームを楽しんでいるため、結婚を決めたがりません。責任をとるのはイヤだし、もっと遊びたい、というのが正直な本音です。そんな男性ととりあえず交際したいと思うなら、「結婚はまだ先」というアピールをするといいでしょう。理由は、「まだ若いから」でもいいし、「仕事をがんばりたい時期だから」でも構いません。**とにかく、結婚を焦っていない女だと思わせるのです。**そうすれば、「結婚」という責任を前にビビッていた男たちは「この子なら（しばらくは）大丈夫！　大きな決定を先延ばしにして、恋愛をしていられるぞ」と能天気に安心します。

いっぽう、**ある程度大人の女性と真剣に交際したい男性は、結婚を匂わせるのが効果的。**男性から「結婚願望がある」「早めに結婚したい」などの発言があると、「この人はちゃんと将来を考えて交際できる相手だ」と安心できます。

ただし、「すぐにでも結婚したい」女性と、「絶対に結婚なんかしたくない」男性が、恋愛を始めるためだけにだまし合っても、すぐにかみ合わなくなってしまい、悲劇を生むことに。誰彼かまわず乱発するのは控えましょう。

ひとくち男女語会話

つき合う前に結婚が話題になったとき

いい人と出会えたら、もちろん結婚したい

きちんと結婚願望はあることを示せば相手は安心します。かといって、ウソはよくないので、「いい人と出会えたら」という留保条件をつけることを忘れないように。

結婚は、いつかはしたいって感じかな

結婚を焦っているわけではないことを示せば相手は安心します。かといって、ウソはよくないので、「結婚は当分いいかな」など強がるのではなく、「いつかは」くらいにぼかします。

scene

10

恋のタイミング

男はノリノリのときに女をほしがる 女はどん底のときに男をほしがる

いつでも出会いを求めている「恋愛体質」な人を除いて、男にも女にも恋愛へのモチベーションが上がる特別なタイミングがあります。そのベストタイミングを捉えれば、意中の相手との恋の可能性が高まるでしょう。

では、男と女が「恋がしたい！」と乗り気になるのは、一体どんなときなのでしょうか。

仕事の成功が男を恋愛に駆り立てる

まず、男が恋をしたくなるのは、自分が絶好調のとき。仕事でうまくいっている「ノリノリ」なとき「彼女がほしい」と思うのが男です。

自分にとって大切な分野で成功することで、自己肯定感が高まり、その有り余るエネル

ギーが恋愛に向くのです（最近では、恋愛を「めんどうくさい」と感じる若い男性が増えたため、そのエネルギーをさらに仕事に回してしまいがち）。

また、無意識に「良い遺伝子を持つ男性と結ばれたい」と感じている女性たちは、「夢中になれるもの」「打ち込める仕事」を持っている精力的な男性に惹かれます。そのため、**男性が絶好調なときは、自然と女性からの引き合いも増えるようです**。モテた男性はさらに自信を強め、もっとモテたいと感じて狩りに出ます。

いっぽう女性が恋をしたくなるのは、絶不調なときです。失恋したり、仕事でうまくいかなかったり。**女性には「いつか王子様に自分の人生をステキに変えてもらいたい」という変身願望があるため、恋をすることで苦境から脱したいと考えて男に逃げ込みがち**。男性と比べるとずいぶんネガティブな動機です。

また、女性は仕事で忙しくしていると、どうしても見た目に関するケアが疎かになります。といっても、女性は男性から外見で判断されることが多いため、仕事をしているとどんどん恋愛から遠のいていきます。

ちなみに、私のまわりのバリキャリ女性たちは、「疲れた。誰かに癒されたい」「彼氏はいらないから、身の回りのことをしてくれる〝嫁〟がほしい」などと、昭和のオジサンのような愚痴をこぼしています。

若い世代の男女は性差がなくなり、どちらも「男らしさ」「女らしさ」が薄れていますが、働く大人の女性たちはむしろ「男らしさ」を強めているようにも感じます。

今の日本で全世代的に恋愛が流行らないのは、このようなところに理由があるのかもしれません。

どん底の男に尽くしてもムダ、どん底の女は落ちやすい

このように恋へのモチベーションが高まるきっかけが違うため、意中の相手がいる場合は「攻めどき」を見極める必要があります。

男を攻めるなら、仕事でうまくいっているときです。

女性はつい「忙しいときに悪いかな」などと遠慮しがちですが、仕事で調子がいいときの男性は普段よりパワフルです。仕事でノリノリな「かっこいい自分を見てもらいたい」という思いもあるため、誘えば時間をつくってくれるでしょう。

会ったときには「調子いいみたいね」「いいことでもあった?」と自慢話を引き出すこと。徹底的に聞き役になってひと通り話を聞いてあげれば、「いい子だな」と好意を抱か

れるはずです。

逆に、構っても意味がないのは絶不調の男性です。**女はしょげた男を見るとかわいそうになり、あれこれ世話を焼いてあげたくなりますが、男は調子が悪いときの自分のことが好きではありません。**

それで、少し調子が上向きになると、慰めてくれた優しい女性のことを忘れて、派手ないい女のもとへ行ってしまうのです。タレントやお笑い芸人が、下積み時代に支えてくれた奥さんと簡単に別れてしまうのもこのため。「ダメだった自分」という黒歴史とともに、パートナーのことも葬り去ろうとするのです。

女性を攻めるなら、精神的に弱っているときです。

「相談したいことがあるんだけど……」などと愚痴を聞いてほしそうな素振りを見せてきたら、優しく「大丈夫？」「何があったの？」と話につき合ってあげましょう。「優しい人だな」と心を許し、好意を抱く女性が多いようです。

弱っている女性が「攻めどき」なのは、昔から男性はよく心得ています。恋愛相談を聞いてくれた男友達とそのままつき合ったり、仕事がうまくいかないときにつき合っていた彼氏と結婚して寿退職したり……というのはその良い例。みなさんのまわりにも、何組か「攻めどき」を押さえたカップルがいるのではないでしょうか。このときばかりは、嗅覚の弱い男性も勝機を敏感に感じ取るようです。

恋愛においては駆け引きも重要なポイント。どのタイミングで、どんな言葉で攻めればいいのか。少し戦略的に考えるだけで、恋の成功率が高まります。

ひとくち男女語会話

恋のチャンスをうかがうとき

大丈夫？　何かあった？

落ち込んでいるような雰囲気を感じ取ったら、すかさず、声をかけます。「実は……」と相談してきたら、こっちのもの。優しい言葉で心を溶かしましょう。

何かいいことでもあった？

景気の良さそうな雰囲気を感じ取ったら、すかさず声をかけます。「聞いてよ、それがさぁ……」と自慢してきたら、こっちのもの。ノリのいいトーンで合わせましょう。

scene

11

恋の始まり

男は記号に欲情する 女は信号に欲情する

男性にも女性にも「キュンとする」感覚があります。異性に対して「いいな」「魅力的だな」「好きだな」と感じる「恋の始まり」。もしくは「ライトな性欲」と言ってもいいかもしれません。

しかし、異性のどこに魅力を感じるかはまったく違うため、しばしば男女は空回りな努力をすることになります。男性がモテようとしてジムで体を鍛えるのも、女性が好かれるために「自分磨き」に走るのも、残念ながら大間違い。

異性にアプローチしたいなら、自己満足ではなく、相手が評価してくれるポイントで勝負すべきです。

わかりやすい女的なものに欲情する男、自分に向けられる好意にキュンとする女

多くの若い男性は、性欲に支配されています。そのため、**「女っぽくてエロいもの」を備えている女性にキュンとします。**

たとえば、プルプルの唇や、柔らかそうなおっぱい、大きなおしり、ミニスカート……など、女性のシンボル的なものに惹かれるのです。もちろん、「こんなスタイルの女性がいい」などの好みはそれぞれにありますが、「誰の唇なのか」「誰がミニスカートを穿いているのか」という部分はあまり大切ではありません。女性らしい体のパーツやファッションアイテムそのものに欲情しているからです。こういう面でも、男性はとても単純です。

それに対して女性は、もう少し複雑です。

ムキムキの筋肉やひげなど、「男らしい」とされるものにはそれほど魅力を感じません。好みとして「筋肉フェチ」「ひげフェチ」の女性もいますが、それはどこか冷静な「好み」で、キュンとくる「好き」とは区別されます。女性が純粋に男らしい見た目だけで男性に好意を抱くケースは、ほとんどないといってもいいでしょう。

いっぽうで**女性は自分に向けられたベクトルに敏感です。「これは私に向けられた優しさだ」「私に関心を持ってくれているのだな」と感じることでキュンとします。**

そのため、誰から発信されたものなのかが非常に重要になりますし、それまであまり意識していなかった相手からのベクトルでも、「自分だけに向けられたものだ」と感激すればそのまま好意に変わったりもします。

女性が「押しに弱い」とされるのはこのため。熱心にアプローチされることで、いつの間にか心が動かされるのです。

男が見た目を磨いても無意味!?

このような特性がわかれば、あとは相手の土俵で戦うのみです。

ベクトルに敏感な女性に対しては、「あなたがずっと好きでした」と伝えること。

女性をよく観察して、どんな部分に魅力を感じたのかを事細かに説明してもいいでしょう。「あのときこう言ったのが忘れられない」など、相手との共通のエピソードを持ち出すのも効果的です。

逆に**無意味なのは、男性が自分の見た目を磨くことです。**

見た目が魅力を底上げしてくれる可能性は大いにありますが、それが決め手になることはありません。筋トレをしたり、お洒落に気を使ったりするよりは、好意の伝え方を工夫したほうがいいでしょう。

ただし、女性だけが使う表現として「生理的に受け付けない」というものがあるので、これには要注意。不潔だったり極端にダサかったりして、ひとたび「気持ち悪い」と思われてしまったら最後。どんなに押しても引いても、「生理的に受け付けない」とシャットアウトされてしまうのです。「キモい」というマイナスからのスタートだと、プラスへの挽回はあり得ません。

そのため、最低限清潔であり、「可能性は低くても〝ナシ〟じゃない」という立ち位置にいる必要はあります。

それに対して**女性は、好意の伝え方の前に、メイクやファッションなどの見た目の戦法から考えましょう。**これは、**お洒落をするという意味ではなく、男性に響く見た目になるということ。**

たとえば先に挙げたような「女っぽい」部分を強調したり、多くの男性が好むベタな

「女子っぽさ」をアピールしたり。「バカみたい」と思うかもしれませんが、単純な男性には、まずシンボル的なもので惹きつけるところから始めなくてはいけないのです。

異性の「キュンとする」感覚は、実感できなくても理解して〝合わせる〟のは簡単。女性には一途なベクトルを向け、男性にはベタな女子っぽさを武器に惹きつければいい。思い込みやプライドからムダな努力をしている人は、一度戦法を練り直してみてはいかがでしょうか。

ひとくち男女語会話

相手に自分を意識させたいとき

〇〇ちゃんって いつも××してるよね

自分に向けられた信号にぐっとくる相手には、「あなたのことを見てます」「気になります」というアピール。本格的に口説くときには「他の人は目に入らない」「ひと目ぼれでした」などが有効。

スイーツ大好き。甘いものに目がなくて♪

ベタな記号にぐっとくる相手には、「いかにもな女らしさ」をアピール。ブリブリとした女の子を演じて「かわいいなあ」と鼻の下を伸ばさせます。他にも「うちのイヌがかわいいの♡」など。

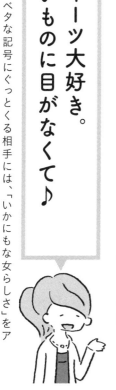

scene

12

サプライズの演出

男はロマンが好き 女はロマンチックなものが好き

伊坂幸太郎の小説『オーデュボンの祈り』の一節にこんな趣旨のフレーズがあります。「ロマンチックな雰囲気が好きなのが女、ロマンチックなのが男」。

お姫様願望の女、男のロマンを追い求める男

夜景がキレイなレストランでのデート、愛をささやく甘い言葉、ドキドキするシチュエーションでの優しいキス……。

これら**いわゆる「ロマンチックなもの」に女は目がありません。**

どうしてかといえば、小さいころからディズニー映画をはじめとするお姫様的なストーリーに接しているからかもしれませんし、感受性が豊かだからかもしれません。

ところが、**男たちはそういったロマンチックな感性に乏しい**（そうした情操教育を受けていない）**ので、どうやったら女性がロマンチックに感じてくれるか頭を悩ませます。**足りない「センス」を「頭」と「情報」で補完しようとするのです。その結果、残念ながらまったく見当違いな演出をしてしまうこともしばしば。

たとえば、誕生日や記念日などのサプライズ演出。すでに述べたように、男性は「察する」ことができませんから、「サプライズ」＝「明確なオーダーがない中で、女性の気持ちを察して企画する」という行為が非常に苦手です。つい女性が喜ばないプレゼントを用意してしまったり、ロマンチックではなく笑える「ドッキリ」のような演出をしてしまったり。「そうじゃないんだけどなあ」と女性たちは頭を抱え、男性たちは「精いっぱいやったのに、どうすればいいの？」と拗ねてしまいます。

また、男性はサプライズ演出を「される」のも苦手なことが多いようです。それは予測のつかないことや、論理的に説明できないことを嫌うからです。喜ぶより先にびっくりしてしまい、中には怒り出してしまう人もいます。

この反応にも、やはり女性たちは頭を抱えることになります。

では、男はロマンチックさと無縁なのかというと、そうではありません。

「小さいときからの夢をかなえるために単身渡米」「裸一貫で起業して成り上がる」とか「自分だけの書斎を持ちたい」「小さいころの秘密基地みたいな場所をみんなで持ちたい」などなど。そういったいわゆる**「ロマン」に萌えるのは、どちらかというと男のほうです。**そういう意味では**「男のほうがロマンチストで、女のほうがリアリスト」**とも言えそうです。不思議なものですね。

女性としては、そんな子どもっぽい夢や幻想を聞くと「ちょっとは現実に目を向けなさいよ」「危なっかしくて見てられない」などと、冷ややかな視線を浴びせてしまいがち（特に夫や彼氏など、人生の利害をともにする相手ならなおさら）。

ですが、恋人なら「男のロマン」を尊重して温かい気持ちで話を聞いてあげたいもの。男性だって、女性の「ロマンチック好き」にがんばってつき合っているのですから。

男のサプライズは、一生懸命考えたプロセスを評価してあげよう

恋愛の甘い雰囲気や情緒は軽視するくせに、子どものようなワクワクを人生に求めてしまうのが男。

いっぽうで、ロマンチックなものが大好きで、チヤホヤもされたいし、人一倍感激もする。でも、大きな人生設計においては、冷静で現実的な視点を忘れることのないのが女。

このような男女の溝は、どのようにすれば埋まるのでしょうか。

男のサプライズを前にしたとき、大人の女であればその裏にある努力・献身を見ようとします。結果は大失敗（ケーキがパサパサでまずい、肝心の夜景が見えない席だった）でも「それを一生懸命考えたというういじらしさにキュンとくる」「バカっぽくてかわいい」と語る女性は少なくありません。その準備のためにどれだけ時間をかけたのだろう、と想像して「よくがんばったね」とプロセスを評価するわけです。

逆に、男性の独りよがりのサプライズだった場合は、うまくいきません。少しでも「彼女のためにがんばっている自分って偉いな」「ほら、すごいだろう、オレ？」と酔ってしまうと、女性は敏感に気づきます。「それって自己満足でしょう？」と、女性のロマンチックな気持ちは潮が引くように冷めていくのです。

ですから、男性はその日だけは女の「ロマンチックなシチュエーションに酔いたい」という気持ちのために、ただひたすらに尽くすことです。彼女の喜ぶ姿を見るまで、油断は禁物と肝に銘じましょう。

逆に**女性たちは、前述のように努力を認めてあげる姿勢を大切にしてください。**

男性の考える演出なんて、もともとたかが知れているわけです。センスにも情緒にも欠ける彼らが「何をした」のかではなく「がんばった」という事実に思いを馳せてください。ここは想像力の働かせどころです！　なんなら、男性が意図していないところにまで「これって、私のためにやってくれたの？」とお気楽に感激するぐらいでちょうどいいでしょう。「おめでたい性格」こそ、幸せにつながる最高の素質です。

「男のロマン」と「女のロマンチック好き」をお互いに批判していても始まりません。さっぱり理解できなくても、どちらもお互いにとっては大切なものなのです。

好きな相手の大切なものを尊重してあげてこそ、本当の愛情。男女の溝を埋めるのは結局のところ、想像力と思いやりなのかもしれません。

ひとくち男女語会話

相手をうっとりさせたいとき

姫はわがままだなぁ♪

彼女は「姫キャラ」じゃないとか、関係ありません。女性は誰しもプリンセス願望があると信じて、「ちやほやされるお姫様と、かしづく男」という非日常なファンタジーへ誘いましょう。

夢を持ってる人ってかっこいいよね

ロマンにひたりたい相手には、「なにか一生懸命になっているものがあるのって素敵」など、相手の夢を持ち上げます。「それってお金になるの?」「実現できるの?」は禁句です。

scene

13

恋のテンション

男は日常が好き 女は記念日が好き

一般的に、結婚すると女性はガラリと変わります。

「急に現実的なことを言い出した」「子どもが生まれたら見向きもしてくれなくなった」などと言って、世の男性はよくそのことを嘆きます。

ですが、実は男性のほうも交際が始まった段階で態度を変えていることが多いのです。

この項では、恋愛における不満について考えてみましょう。

リラックスしたい男、ずっとときめいていたい女

男は、仕事が絶好調のときに恋をしたがる生き物です。自己肯定感が高まって、女性を欲するのです。

そうやってノリノリで口説きゲームに興じ、ドラマチックに交際が始まるケースが多いので、女性はその夢のようなロマンチックな時間がいつまでも続くものと勘違いしてしまいます。

しかし、**晴れて交際が始まると、男性は一転してリラックスし始めます。**昨日までビシッとスーツを着ていた男が、次の日からは急に生活感丸出しのジャージ姿になったり。デートをするのも面倒くさい、彼女の前ではお洒落もしない、記念日なんかどうでもいい。女性が「こんなはずじゃなかった」とがっかりするのも仕方のないことでしょう。

もちろん男にも言い分はあります。

そもそも男性のテンションが上がるのは、口説き落とすところまで。そこから先に「ときめき」は求めません。**男は「記念日」のようなムダに思える労力を使うことが好きではありませんし、ボーッとしていられる「いつもと同じ」日常が好きなのです。**

交際前の男性は仮の姿。好きな女性を口説き落とすために、自分の良い部分を見せていただけのことです。

また、「自分はよく働き、がんばって君を口説き落としたのだから、つき合い始めたら少しはそっちが癒してくれてもいいだろう」という気持ちもあります。

いっぽう女性は、ひとりの男性とじっくりつき合いたいと考えています。そのため、**つき合っている相手にときめくことができないと、恋愛の醍醐味を感じられません。**

記念日には思い切りときめく演出を

こうした、男性の「釣った魚に餌はやらない」とでもいうべき切り替えには、一体どう対処すればいいのでしょうか。

簡単なのは、男性ががんばること。といっても、四六時中努力する必要はありません。記念日だけ、週末だけなど割り切って、特別な日だけがんばるのです。

たいていの女性は「誕生日」「クリスマス」「交際記念日」などを盛大に祝っておけば文句はありません。その日だけは「ベタで恥ずかしい」などという気持ちは捨てること。ステキなレストランに予約を入れて、彼女がほしがっていたプレゼントを用意して、お洒落をしてデートを楽しみましょう。

そうすれば、「ちょっと最近、気を抜きすぎじゃない？」と腹を立てていた彼女も、「やっぱり私のことをちゃんと考えてくれていた！」と感激して機嫌を直してくれます。

これは夫婦の間でも同じこと。普段リラックスするためにも、ズボラな行いを帳消しにできる記念日に力を入れましょう。それがメリハリというものです。

いっぽう女性は、「男は付き合ったらリラックスするものだ」ということを頭に入れておきましょう。そして、交際前にどんなにドラマチックでロマンチックなことがあっても、「永遠に続く」という過度な期待をしないこと。

その相手と結婚したいと思うのなら、むしろ「リラックスしたい」という男の欲求を逆手に取ってしまうのもひとつの手。

家事が苦手な多くの男性たちは、手料理をご馳走してくれたり、家事をサポートしてくれたりする女性に弱いのです。そして、それが居心地のいい日常になると、「こういうのが結婚生活なのかもしれない」「うん、悪くないな」という気持ちになってきます。残念ながら、女性が小さい頃から夢見てきたような「ロマンチックなプロポーズ」は期待できませんが、リラックスした男性が「日常の延長としての結婚」を意識するのは確実。だらけた彼氏に対して「こんなの恋愛じゃない！」と怒るより、手の平の上で転がして結婚を手中におさめたほうが、ずっと賢明ではないでしょうか。

また、**気を抜いた男性の姿は、そっくりそのまま結婚後の女性の姿に重なります。**新婚時代はさておき、女性も結婚が日常になり、子どもが生まれて母になると「ときめきたい」などとは言わなくなります。それどころか、そんな青臭いことを言っていた自分をすっかり忘れて、一日中すっぴんで過ごし、お風呂上がりにバスタオル姿で夫の前をうろつくようになったり(笑)。それに対して多くの男性は幻滅し「こんなはずじゃなかった」と嘆きます。お互い様というわけですね。

タイミングは異なるものの、男性も女性も長く一緒にいると、お互いを幻滅させるようなことをするということ。一生気を張っていられる人などいませんから、多少はリラックスすることがあっても致し方のないことです。

ついお互いに「ここがいけない」「直してほしい」とネガティブチェックをしがちですが、一緒に暮らしていくのなら、意識的によいところを見つけていくべき。

狭い心でカリカリするよりも、ピュアな気持ちを取り戻して、相手のいいところを探していきましょう。

ひとくち男女語会話

恋人を惚れ直させたいとき

今度の○○記念日、どこか行こうよ

特別な日を大事にしているアピールは、相手よりも先に切り出すのがなによりも肝心です。「もうすぐ私の誕生日だけど……」「あ、ごめん、どうしようか」とさえならなければ、それでOK。

ありあわせのもので、パパッとつくっただけ

日常を大事にする相手には、手料理が効果的。いかにも、な手の込んだ料理よりも、「冷蔵庫の中のものでささっと」「こんなものしかないけど」という〝照れ〟が刺さります。

scene

14

デートのお店

男は「行きつけ」に行きたい 女は「初めて」に行きたい

男は思考が不器用なので、新しいルールや仕組みに慣れるまでに時間がかかります。そのため、デートで行くレストランや場所も「いつもの店」をつくりたがります。「そこに行けば安心」という空間でリラックスしたいのです。

逆に思考が高感度な女は、男に比べてミーハーで新しいもの好きです。できるだけ行ったことのないお店に行って、新しい体験がしたいと思っています。

冒険嫌いの男、刺激を求める女

男は、女には信じられないくらい冒険が嫌いです。

新しいお店ではどんなサービスが受けられるかわからないし、どんな料理が出てくるかわからない……と想像すると、それだけで行く気が萎えてしまう。

それよりは、**いつもと同じお店に行って、自分の城のようにくつろいで飲食したいというのが男性の願い。**女性たちが「新しくできたパスタ屋さんもう行った？」などとはしゃぐのに対し、男性たちはローテーションのように「月曜は蕎麦屋、火曜はカレー屋、水曜はトンカツ屋」と変わり映えのしないランチをしていることが多いものです。行きつけで「いつものね」とオーダーできるのが、男性にとっていちばん楽チンで居心地がいいのです。

また、常連になることで安定した良いサービスが受けられるのも、男性にとって心地のいい状態です。食事といえども「勝ちたい」という闘争本能は健在。男性は、その場の誰よりもいいサービスを受けたいとも思っています。ですから、店側は男性客を喜ばせようと思ったら、「常連さんだけに特別ですよ」「いちばんいい品をお出しします」と言って、何らかのサービスをするのが有効。それがどんなに些細なサービスでも、喜んでその後も足しげく通ってくれるはずです。

いっぽう女性は、行ったことのない店に行きたがります。どんなサービスが受けられるのか、どんな料理が出てくるのかという部分でも、男性のようにネガティブに考えることはありません。どちらかといえば**「どんなことが起こるかわからないのが楽しみ」なので**

す。だからこそ、男性が新しい店に連れて行ってくれると「初めて！」と喜びます。常に刺激を求めるのが女、ということです。

お互い相手に合わせて楽しむ余裕を

デートでは、男が女をリードする場合が多いので（今のところ）、できるだけ新しい店、行ったことのない場所をセレクトするといいでしょう。

男性は「失敗するかもしれない」と怯えますが、女性はそれほど結果を気にしません。内容よりも、その新しい体験が嬉しいのです。たしかに、記念日に気の利かない店に連れて行かれると、心の中では「失敗だったな」と感じるかもしれませんが、それでも「行ったことのないお店を予約してくれた」という男性の気遣いを評価してくれます（と信じましょう）。

逆に女性は行きつけのお店でも「また同じ店？」と不満を言わないこと。

男性はめんどうくさがり、リラックスしたい生き物。新しいお洒落なお店は、女友達と女子会で行くことにして、彼氏とのデートでは「いつもの居酒屋」につき合ってあげましょう。それだけで機嫌がよくなります。

ひとくち男女語会話

デートのお店を選ぶとき

○○に新しくできたお店、行こう！

新しい店・話題の店、というだけで付加価値を感じる相手は、ある意味簡単。当たり外れがあったりするのも含めて、デートというものです。

いつものあそこ、行こう！

なじみの店・いつもの店、というだけでリラックスできる相手は、ある意味簡単。新しい店・話題の店は、友達と行けばいい、という発想の切り替えが大切です。

scene

15

ケンカ

男は黙る 女は泣く

ケンカをしている最中に男は黙り、女は泣き出す。

これは、お互いにとっていちばん悩ましい状況でしょう。女性は「黙ってないで何か言いなさいよ！」と腹を立てますし、男性は「泣くなんて卑怯だぞ」と感じながらふたたび「だんまり」を決め込みます。

なぜ、こうした困った状況が生じるのでしょう？

女の涙は汗。男性がしてはいけない4つの行動

まず女性の「涙」ですが、これは汗のようなものだと思ってください。

「泣いてるのに放っておけない」と思うかもしれませんが、女性たちは悲しんでいるわけ

でも怒っているわけでもありません（と思いましょう）。**感受性が強いため、いろいろな感情が一気に押し寄せてきて、感極まって泣いてしまっているだけなのです。**

また、「涙は女の武器」のように言われることも多いため（そして、実際女性に泣かれるとうろたえる男性が多いため）「わざと泣いてるんじゃないか」と勘繰る男性もいますが、多くの女性はそこまで考えて泣いているわけではありません。感情がコントロール不能になって、一種のパニック状態になっているだけです。

涙は心を落ち着かせる作用があるといわれています。泣くことによって、冷静になろうとしているともいえるのです。卑怯だ、ズルいという考えは捨ててください。

では、**泣いている女性にどう対処すればいいのかというと、そっとしておけばいいのです。黙って泣き止むのを待つことです。**

先ほども言ったように、女性が泣くと多くの男性は焦って間違った態度をとりがち。男性がしてはいけない行動は大きく分けて４つ。

1 「何で泣くの?」と理由を聞く
2 「泣くなよ」と叱責する
3 「もう泣かないで」と慌てる
4 「○○のことで泣いてるんでしょ」と当てにいく

男性にどうなだめられても、涙に理由はなく、そう簡単に泣き止むことはできないので、女性は困ってしまいます。

何も言わずにいるのがいちばん。そして、女性が泣き止んだら、泣いたことには触れずに話し合いを再開します。ここでまた「さっきはどうして泣いたの?」などと聞いても、本人にもわかりません。

黙る男を問い詰めるのは御法度

いっぽう**男の「沈黙」は、しゃべることができないだけです。**

男性は、脳の仕組み的にいくつものことを同時に行うのが苦手です。考えながら話すことができないため、黙って考えることに集中しているのです。

また、この沈黙は失言を防ぐためのディフェンスともいえます。下手に口を開いて不利になるようなことを言ってしまったり、感情に任せて相手を傷つけるようなことを言う事態を防ごうとしているのです。

さらに、昔からの家庭での教育も影響しています。男性は「男は感情を表に出すべからず」と育てられている場合が多いもの。「悲しい」「イヤだ」「腹が立っている」というような生身の感情を吐露することに抵抗があるので、男性は仕方なくキレ気味に「だんまり」を決め込みます。

これに対して女性がとるべき行動は、やはりそっとしておくことです。しばらくして考えがまとまれば話し始めるので、それを待ってあげましょう。

沈黙が辛いなら、リアクションを求めずに自分の考えを話し続けても構いません。「どうなの？」などと返答を求めず「私はね……」とひたすら話し続けるのです。

やってはいけないのは、「黙るなんて卑怯。何とか言ってよ！」とヒートアップすること。パニック状態で話せない相手をどうつついても、建設的な意見は出てきません。「もういいよ！」と、席を立たれてしまうのがオチです。男性を話し合いのテーブルにつかせ続けるためにも、追い詰めるようなことはやめましょう。

次に、自分自身はどう振る舞えばいいか。まず男性は、**「ちょっと混乱してるので、考えをまとめたい」**とひとこと断りましょう。男性がむっつりと黙り込むと、その怒りのオーラは相当なもの。女性は怖いとすら感じるはずです。不必要に不安な思いをさせないためにも、自分の状況だけは最低限説明しましょう。

女性のほうも、泣けば男性を慌てさせてしまうのは確実で、「ズルい」と感じる男性もいるので、基本的にはできるだけ我慢したほうがいいでしょう。そして、泣いてしまったら**「泣いちゃったけど、本当に何でもないから気にしないで」**とフォローすること。このひと言で、男性を安心させることができます。

お互いの理解不能な反応は、しばしば険悪なムードを引き起こします。しかし、理由さえわかれば「あ、そうなんだ」と思えるはずです。

男性は女性に泣かれても慌てず、怒らず、淡々と。女性も黙り込んだ男性相手にヒートアップすることなく、冷静に。

ケンカを収束させるためには、当事者二人が話し合いの場につき続けることが必要です。投げ出したくなっても、ぐっとこらえましょう。

ひとくち男女語会話

男は黙ってしまって、女は泣いてしまったとき

ちょっと考えさせて

あなたが黙っていると、相手としてみれば、何が何だか分からず不安が募ります。「考える時間が欲しい」「頭がショートしている」なら、そのことを告げてから黙り込めば、トラブルは避けられます。

気にしないで

あなたが泣き出すと、相手としてみれば、自分のレパートリーにない行動なので動揺します。慰めてほしいわけでなければ「気にせず話を進めて」と安心させます。

scene

16

浮気

男は浮気した女を非難する 女は浮気相手の女を非難する

よく「男の浮気は仕方がない」などと言う人がいますが、個人的にはそうは思いません。男だから、女だからという違いはなく、交際している以上浮気は「してはいけないもの」です。たとえ本能的に欲望があったとしても、現代人なのだからそこのところはコントロールすべきだろう、というのが私の考えです。

もちろん、交際中に新しい恋愛に踏み出すことがあっても構いません。その結果、幸せになれることもあると思います。しかし、「仕方ない」と開き直るのはいかがなものでしょうか。

この項では、浮気をされた場合の双方の態度について見ていきましょう。

浮気相手に負けたと感じる男、悪いのは彼じゃないと思い込もうとする女

女性に浮気をされたとき、男性は浮気をした彼女をネチネチと正論で責めます。**彼女の心をつかんだ**（とも言い切れないのですが）**浮気相手の男に対して「負けた」と引け目を感じているため、身近な弱い人間＝彼女を攻撃するのです。**「自分の魅力が相手の男に劣る」と感じて、男性のプライドはズタズタ。「この裏切り者！」と彼女を攻撃していないと、残ったわずかなプライドを保つことができないのでしょう。

ところが、男性の浮気が発覚したとき、女性が責める相手は彼氏ではありません。**浮気相手の女性を「きっとあの女がたぶらかしたんだ」と責め、「私の彼氏は騙されただけ」と彼氏を擁護するのです。**

彼氏を信じているともいえますが、自分のアイデンティティを守るために「悪いのは彼じゃない」と信じこもうとしているのでしょう。やはり女性も、**「自分の魅力が相手の女性に劣るのではなく、魔が差しただけ」と思い込むことで、自分の心を守っているのです。**

浮気の原因は男女ともにケースバイケースです。
本当に関係が冷え切っているところに新しい出会いがあった「浮気というよりは本気」なケース。交際関係の状態に関係なく「ムラムラした」「なんとなくいいなと思った」という完全に遊びのケース。

男性で「浮気性」と呼ばれる人には、遊びの浮気がやめられない人が多いようです。恋愛でいちばんテンションが上がる「セックスまで」の段階が楽しくて、彼女がいても口説きゲームに興じてしまうのです。

しかし、大人ならいつまでもゲームをしていていいはずはありません。浮気は、彼女の信頼を失ってまでするほどのものではないのです。これまでにつくり上げてきた彼女との関係が、どれほど価値のあるものなのかを考えて、踏みとどまる理性がほしいもの。
浮気がやめられない男性は、「結婚したらやめる。だから今のうちは……」などという甘い考えは捨てて、誠実に向き合うことを覚えるべきでしょう。

女性にも「浮気性」と呼ばれる人はいますが、男性に比べると少ないようです。というのも、基本的には心を許した相手としかセックスをする気になれないので、遊びの浮気に不向きなのです。

そのため、**女性が浮気をした場合は結構な割合で「本気」**。彼氏が「浮気だ」と責めても「戻ってきて」と泣いても、心を動かせないことのほうが多いようです。さらに、前述のように体を許すと愛着が増すのも女性の特徴のひとつ。そこまで本気ではなかったはずなのに、セックスがきっかけで本気になってしまうこともよくあるようです。

浮気がバレたら、相手が聞きたい言い訳を

自分の浮気がバレた場合は、本命と付き合い続けるのか、浮気相手に乗り換えるのかはさておき、まずは目の前の「修羅場」をおさめなくてはなりません。

彼氏は「男として負けた」という敗北感から非常に怒っているはずなので、女性が素直に謝ってもムダ。荒療治ではありますが、ここは浮気した自分を棚に上げて、逆ギレしてみてください。

「寂しかった」「私がどんな気持ちで浮気をしたかわかってるの?」と訴えるのです。彼

氏に構ってもらえない寂しさが浮気の原因なのであれば（それが事実かはさておき）、浮気相手の男性の魅力に「負けた」という彼氏の悔しい気持ちは救われます。

いっぽう浮気をされた彼女は、あくまでも「悪いのは女のほう！」と思い込もうとしているはずです。それならば、やはり事実はさておき、男性は彼女の望み通りのストーリーに合わせて謝罪するべきでしょう。

「魔が差したんだ」「向こうから誘われて、酔っていたからつい……」などと、言い訳した上で謝るのです。もし、本命に戻ろうというつもりがあるなら、「やっぱり好きなのは君だけだ」と告白すれば、彼女の心を取り戻せるかもしれません。

ひとくち男女語会話

浮気がばれて言い訳するとき

魔が差したんだ、ごめん

「あの女が悪い」というストーリーに乗っかって、謝罪します。「あっちから誘ってきたんだ」とまで人のせいにしなくてもOK。うまくいけば、許してもらえます。

私がどんな気持ちだったか、わかる？

「あの男に負けたわけではない」というストーリーに乗っかって、「さみしかったんだ」と逆ギレしましょう。うまくいけば、うやむやにできます。

scene

17

過去の恋人

男は別ファイル保存 女は上書き保存

女は何事においても切り替えが早く、男はいつまでも過去にしがみつきます。過去の恋愛においてもその態度は同じ。女性は元カレのことはまったく気にならなくなりますが、男性はいつまでも元カノとの思い出を大切にします。

これが俗に「男の恋愛は別ファイル保存、女の恋愛は上書き保存」と言われるゆえんです。

元カノコレクションを眺めたい男、元カレはどうでもいい女

男性にとってつき合った女性は、ある意味自分の大切なコレクションです。

愛着があり、どんな別れ方をしていようとも「お気に入り」であることには変わりありません。そのため、男性は元カノとの思い出の品や写真をなかなか処分しようとしません

し、人によってはたまに持ち出してきて、思い出に浸ったりすることもあります。過去の自分を元カノに投影しているのです。

また、最近ではあまりそういう風潮はなくなりましたが、「経験人数は男の勲章」という考えを持つ男性は少なからずいます。武勇伝として、ひとつひとつの「元カノファイル」を大切にしているともいえるでしょう。

いっぽう女性は、そのときそのときの目の前の相手をいちばん大切に思っています。そのため、**別れてしまえば元カレのことは「どうでもいい」と感じます**。俗にこの状態を「上書き保存」と呼びますが、私は少し違うのではないかと思っています。

というのも、彼女たちの頭の中では、ファイル・フォルダではなくメモ書きのような形で思い出が保存されていて、そこには無数の細かいタグ付けがされているような気がします。

そして、普段は「忘れた」「上書き保存した」のと同じ状態になっているけれど、いざとなれば容易に引き出すことができる。男性に比べて記憶している量が多いため、ファイルがグチャグチャになっているけれど、本人は何の不便もなくアクセスし、当時の情景・気持ちまでありありと思い出せるというわけ。

過去を気にする男には、適切な答えを用意して安心させる

このように男性と女性では過去に対する態度が違うため、そのことが問題になることもしばしば。

たとえば男性は、女性の過去を知りたがります。具体的にいうと**「過去にどんな人とつき合った？」「経験人数は何人くらい？」と聞くことで、女性が「どれくらい真っ白なのか」を判断しようとするのです。**

女性にしてみれば「そんなこと聞いてどうするの？」という内容ですが、男性は女性がどの程度の経験値を持っているのかがわからないと、安心してつき合うことができません。とても怖がりなのです。

そういった男性心理を知らずにいると、つい「忘れちゃった」「覚えてない」と答えがち。実際に女性は忘れているのと同じ状態ですし、思い出してわざわざ話すのも面倒なので、そう答える気持ちもわかります。しかし、女性に「忘れた」と言われると、多くの男性は「隠してる！」と勝手に警戒心を強めます。

行き違いによって必要のない疑惑を抱かれることのないよう、女性は「彼氏向け」の回答を用意しておくべきでしょう。

たとえば**「何人付き合った？」に対しては「忘れた」と答えたり、「13人」とリアルな数字を答えるのではなく「一度付き合うと長いほうだから、3人くらいかな」と答える。**

「前の彼氏ってどんな人？」に対しては「別に普通の人だよ」でもなく「会社の上司とズルズル不倫してた」でもなく「紹介で知り合った人と3か月くらいつき合ったんだけど、うまくいかなくて……」と濁すなど。

彼氏は本当のことが知りたいわけではなく、自分がリラックスしてつき合える相手だと確信したいだけ。わざわざ不安にさせるような真実を告げるより、ホッとするウソをつくのが優しさでしょう。

反対に**女性は、男性の「思い出好き」をあまり責めないことです。**

男性が元カノのSNSをのぞいていたことがわかると、たいていの女性は「まだ好きなのね！」と悲しみます。「私という彼女がいながら思い出すほど大切な相手なのか」と落胆するからです。

ですが、彼らの未練は女性が思っているほど根深いものではありません。「あのころは楽しかったな」程度の、卒業文集を読み返すような感覚なのです。焼きもちを焼く必要はないので、安心してどっしりと構えましょう。

もちろん**男性も、「思い出好き」を知られないようにする気づかいは必要です。**

彼女の前で元カノの話をしない、思い出の品は捨てる（捨てられなければ絶対に見つからないように隠す）など。自分がこの話をしたら彼女はどう受け取るのか、思い出に対する感覚が違うことを思い出して、態度を改めてください。

どうしても誰かと共有したいなら、同じく「思い出好き」の男同士でやりましょう。それなら、卒業文集感覚で元カノの思い出を語り合っても、まったく問題ありません。

終わった恋愛でお互いの不安をあおるのは、マナー違反です。自分の態度がストレスになる可能性を心にとめて、過去が「クリアに見える」ように工夫していきましょう。

ひとくち男女語会話

「いままで何人くらいつき合ってきた？」と聞かれたとき

そんなに多くないし、いまは君だけ

多すぎても少なすぎてもよくない、難しいトラップ。「いままでの彼女のことは眼中にない」「思い出すこともないし、連絡も取ってない」というスタンスを貫きます（実際は違っても）。

つき合うと長いから、3人かな

多すぎても少なすぎてもよくない、難しいトラップ。「軽く遊ぶ女ではない」「かといって、完全初心者でもない」ということを、やんわりとアピールします（実際は違っても）。

scene

18

プレゼント選び

男は違いがわからない 女は違いなんてどうでもいい

男も女も、恋人へのプレゼント選びには頭を悩ませるものです。
どんなものを贈れば喜んでくれるのか、友達に相談したり、何軒も店を見て回ったり。
ですが、あるポイントを押さえれば、簡単に相手を喜ばせることができます。

違いがわからない男は「うんちく」が大好き

男が喜ぶのは「うんちく」です。時計にこだわったり、車にこだわったり、グルメにこだわったり。あらゆる分野で「こだわり派」「〇〇マニア」と呼ばれる男性はいますが、彼らは自分の感覚で良しあしが判断できないからこそ、スペックやデータ・ランキングを重視します。

「こだわる」というよりは、そうした客観的な指標に裏打ちされて初めて「安心できる」といったほうがいいでしょう。

そして、自分では違いがわからないからこそ、指標に照らし合わせることで違いを発見・理解できたときの喜びが大きい。そうして「こだわり派（でも実は違いがわからない）」の男性は、ますますこだわるようになります。

そんな男性には、プレゼントと一緒にたくさんの情報・うんちくを与えるのがいちばん。**具体的に男性に響くのは「人気ナンバーワン」「希少価値」「伝統のブランド」など、ベタでわかりやすいものです。**評価しやすい長所があると、「それならいい品なのだろう」と安心できるからです（みんなが好きな女を好きになるのと似た心理です）。

女には、ときにはサプライズでプレゼントを

いっぽう女性は、**男性に比べて感覚が鋭く、スペックやデータなどを見なくても直感的に違いがわかります。**

モノに違いがあるのは当たり前で、そんなことはどうでもいいと考えるので、それよりは「かわいい」「かっこいい」など、自分の心を動かす「グッとくる」ポイントがあるか

どうかのほうがよほど大事。主観による判断だからこそ、ブレがないわけです。

そんな女性に対しては、本当にほしいものを聞いてからプレゼントしたほうが、モノとしては喜ばれるでしょう。

ですが、毎回「何がほしい？」と聞かれることを「味気ない」と感じる女性は多いもの。男性にはあえて最初の2～3回は自分の責任でプレゼント選びにトライしてもらいたいものです。女性は、男性が自分の好みを正確に理解していないことは知っていますから、プレゼントが「はずれ」でもそこまで落胆したりはしません。サプライズ好きでもあるので、「予想外のプレゼント」というシチュエーションを楽しんでくれたりもします。

ただし、この場合のプレゼントでは、あまり高価な買い物はしないほうがいいでしょう。残念ながら「はずれ」の可能性が高いので、彼女のほうも困ってしまいます。

そして、婚約指輪など、高いものや長く身に着けるものを買う場合には、必ず女性と一緒に選んでください。「センスには自信がある」と自負する男性ほど、女性が頭を抱えてしまうような「大失敗」の大物を買いがちです。

ひとくち男女語会話

初めてのプレゼントを選ぶとき

よくわからなかったけど、がんばって選んだんだ

相手のセンスがわからないうちは、熱意でカバー。店員さんとのやりとりなど、苦労話を用意しておきましょう。そのうち「前に欲しいって言ってたから」など進歩させられれば、さらにベター。

○○っていうブランドで、あなたに似合うと思うの

相手のセンスがわからないうちは、勢いでカバー。「一流ブランドが似合う男」と持ち上げることで、「そうかなぁ」といい気にさせましょう。

scene

19

自意識

男は分析されたくない 女は言い当てられたい

小説家の友人から、こんな話を聞いたことがあります。

「物書きをしているんだ」と言うと、たいていの男性は「オレのことを書かないでね」と言うそうです。自分のプライベートや恋愛を他人に知られるのがイヤなのです。

それに対して女性は、「私のことをモデルに何か書いて」と言うといいます。他人から自分がどう見えているのか知りたいし、物語の登場人物になれることはとてもロマンティックな経験だと思うのでしょう。

こうした男女の自意識・自尊心について知っておけば、会話で地雷を踏むことがなくなります。

男は分析されると「上から」ものを言われた気持ちになる

一般的に男性は、誰からも分析されたくないと思っています。

分析するということは、どこか「上から」の行為でもあります。**自分のことを「上から目線」であれこれ言い当てられる状況は、男のプライドが許しません。**

そのため、普段会話をしているときも、彼女から「あなたって○○だよね」と言われるのを嫌います。その内容が当たっていても、そうでなくても、分析されること自体が我慢ならないのです。

分析されたくない男の性格を指摘する場合には、「最後はほめる」というルールを覚えてください。たとえば「あなたは頑固なところがあるけど、私は好き」「真面目すぎることもあるけど、そこが長所だよね」など。最後は主観で締めることで「分析された感」をマイルドにできます。

男性をもっとも不機嫌にさせるのは、分析かつダメ出しである場合です。「あなたは頑固だから鬱陶しがられるのよ」「臆病な性格、なんとかならないの?」など。相手のためを思って言っても、男性は腹を立てるばかりで耳を貸しません。言っても何の効果もないので、口をつぐんだほうが賢明でしょう!

女は「私のことをわかってくれてる」感に弱い

いっぽう女性は、冒頭の例のように「言い当てられたい」「分析されたい」という願望があります。

他人から「こういう人間なんだよ」と言い切られることで、自分を発見したような気持ちになります。そういう欲求があるからこそ、女性には「占い好き」「心理テスト好き」が多いのです。

彼氏からも「君ってこういう人だよね」と言われると「私のことをわかってくれている」と嬉しくなります。

もちろん、それがまったくの的外れだと「全然わかっていない」という真逆の評価をされてしまうので、ちょっとしたコツが必要。

たとえば「意外に気が強いところがあるよね」「寂しがり屋なところがあるんだね」など。「〜なところもある」という曖昧な表現で、多面性を指摘するのです。

すると、完全に気の弱い人も、寂しいと思ったことがない人もいませんから、多くの人は「言い当てられた」と感じるはずです。逆に、普段前面に表れている性格とは真逆のことを指摘したほうが、「見抜いている感」は強く出るでしょう。

これは**「バーナム効果」といって、誰にでも当てはまるようなことを、さもその人だけのことかのように思い込ませる会話のテクニック。**占い師やメンタリストがよく使うもので、占いの結果は大抵バーナム効果で成立しているという分析もあるほど。それくらい、便利に使えるテクニックなのです。

女性からの信頼を勝ち取りたいときに使える方法として、覚えておいてください。

ちなみに、冒頭の小説家の例ですが、男性が「僕のことを書かないでくれ」と言うのは、もうひとつ理由があります。

男は、本能的に「たくさんの女性からモテたい」と感じているため、「結婚」など関係が確実なものになるまで、自分に彼女がいることをあまりオープンにしたくないのです。彼女の存在を隠しておくことで、他の女性との可能性を残しておきたいというのが、多くの男性の本音です。

ＳＮＳに彼氏との旅行の写真をアップしたら、なぜか彼氏が不機嫌になったというケースは、他の女性との（ありもしない）恋の可能性を潰されたことに対する口惜しさが原因です。

普段の会話でも、ＳＮＳでも、恋人に対して言及する際は特に女性の側に配慮が必要。男はプライドを大切にする生き物です。彼らの気持ちに配慮して、自尊心を傷つけない表現を心がけてください。

ひとくち男女語会話

相手の性格をほめるとき

君って意外と○○だよね

「そりゃ、誰にだってあるだろ」という頭の中のツッコミは気にせず、どんどん気づいたところを指摘。「そうかなあ？」と否定されないよう、「〜〜なところもある」ぐらいの言い回しで勝負。

あなたの○○なところが、好き

基本的には分析されたくないので、つい気づいて指摘してしまったら「そこがいいところだけど」「いい意味で」などとフォローすることを忘れずに。

第3章

結婚・家庭編

家庭では女が社長、男は部下

次のテーマは「結婚・家庭」です。

結婚は、大恋愛の末結ばれた男と女が、ラブラブムードのままずっと仲良く生活を共にすること。……かというと、そうでもないことは、あなたもうすうす気づいていることでしょう。

恋人同士の時はお互いに見過ごしていた（見ないフリをしていた）男女の違いが、ひとつ、またひとつと気になってくるのが結婚生活です。そうしたズレを、恋愛のときのように「好き」とか「愛してる」とかで埋めようとすると、悲しい結末になりかねません。

そもそも夫婦とは「妻が社長、夫が副社長（もしくは部下）の企業」のようなものです。つまり結婚とは、二人で新しく企業を立ち上げる（起業する）ということ。経営方針は家庭によってそれぞれですが、基本的に社長がリードし、社員はそれに従うのがルール。

結婚に甘い幻想を持っている人にとっては、なんとも夢のない話ですが、こうして「家庭＝企業」「夫婦生活＝仕事」と考えることで、夫婦のすれ違いはかなり解消されます。ひとつ屋根の下に暮らす男と女の、よりよいコミュニケーションを探っていきましょう。

結婚しても、男はいつまでも「子ども」です。結婚しても「女」として扱われたい女は、そんな夫にイライラ（p.150より）。

scene

20

家計の管理

男はプライドを食べて生きている 女はパンを食べて生きている

夫婦関係で起こる問題の多くは、「夫婦の前提」を理解していないことが原因です。結婚は起業であり、夫婦はビジネスパートナー。「家庭に対する価値観」とでもいうべきこれらのことを理解していないがために、すれ違いが起こるのです。

この項では、家庭でしばしば問題になる「家計の切り詰め」「生活感」について考えてみましょう。

恋愛と結婚を、「切り分ける女」と「一緒くたにする男」のすれ違い

一般的に、女性は結婚すると現実的になりすぎる傾向があります。

みなさんも、結婚したカップルの男性側から、「つき合ってた頃はあんな子じゃなかったのに……」「結婚したら急にお金にシビアになっちゃって怖いよ」などの愚痴を聞いたことがあるでしょう。これは多くの家庭で起こる現象です。

なぜかというと、**女は結婚・出産をすると、家族と子どものことを第一に考えるようになるから。**そのため、子どもを育てるためにどれくらいのお金が必要で、家を買うなら、車を持つなら……と計算し、家計を切り詰めて来るべきときに備えようとします。

いっぽう**男は、恋愛と結婚の違いをよく理解していません。**仕事とプライベートはしっかり分けますが（職場ではバリバリの「デキる男」なのに、妻や彼女の前ではずぼら、という男性は意外と多いですよね）、恋愛と結婚は一緒くたにします。

そのため、結婚しても自分から何かを変えることはあまりないでしょう。独身時代・恋愛時代に覚えたルールを捨て切れない人がほとんど。

独身時代と同じように自由にお金を使いたがりますし、見栄も張りたがります。男は世間から一目置かれたいし、負けたくない。「プライド」を大事にする生き物。放っておくと、収入に見合わない高い車を買おうとしたり、妻が節約に励んでいるときに、部下に気前よく酒をおごってしまったりもします。こんな非協力的なビジネスパートナーは、会社なら首を切られて当然かもしれません。

女は夫を「株式会社○○家」の新入社員として育成せよ

とはいえ、ここはあくまでも家庭です。ビシッと叱ってやりたい気持ちはぐっとこらえて、女性は夫を優しく諭してあげましょう。

ビジネスパートナーとはいいましたが、**最初のうちは夫を「新入社員」くらいに思って、「まだわかっていないのだから仕方がない」と大目に見てあげるのです。**

彼らは、目的に向かって何かをやり続けることは得意なので「○○を買うために貯金しようよ」「1年間で100万円貯金したいの」と具体的な期間や数字を示してあげれば、一緒にがんばってくれる可能性も大いにあります。

男性も妻に対して、「恋愛中と違う」「こんなはずじゃなかった!」と嘆くのではなく、まずは結婚の前提を学びましょう。結婚するなら、恋愛中と同じルールではやっていけません。

そして、**それでもプライドを大事にするのか、潔くあきらめるのか、決めること。**

個人的にはあきらめて「よき夫」になってしまうのもアリだと思いますが、あきらめられないなら「これは自分にとって大事なことなのだ」と主張して、社長である妻を説得する必要があります。気難しいクライアントより難攻不落な相手ですが、「わかってくれないならいいよ！」とふて腐れていては、話が前に進みません。そんな消耗戦をするよりは、「プライドのための戦い」と腹をくってあの手この手で説得にかかるのです。

ただし、たとえば「この車がどんなにすごい車か」を語ってもムダです。女性たちは高い車に興味はありませんし、スペックのこともわかりません。それよりは「子どもの頃からいつか乗りたいと思ってた憧れの車なんだよ」と思い入れを語ったり、「車があるとドライブも楽しいし、行きたいって言ってた○○も行きやすくなるよ」など、楽しい未来図を語ったりしたほうがいいでしょう。

女性たちは、現実的な反面、情にほだされやすいところがあるので、心情に訴えかけることができれば作戦成功です。社長の温情にすがりましょう（笑）。

ちなみに**女性は、結婚式を境に現実モードに突入することが多いようです。**夢のような結婚式、新婚旅行が終わったら、恋愛からは卒業。新婚時代は辛うじて恋愛モードを維持していた女性も、出産すれば必ず「母」になり、現実モードに突入します。

仕方のないことですが、あまりに突然豹変するので、しょげてそのままセックスレスになってしまう男性もいるほど。これでは少し男性がかわいそうな気もします。

結婚したなら、男性は現実的になることを学び、女性は「男（の子として）のプライド」を理解して優しく接しましょう。

ひとくち男女語会話

貯めたい女と使いたい男の意見が合わないとき

代わりに○○するから、買ってもいい？

あれこれと言い訳して権利を守るのではなく、代わりにどんな貢献をするか、アピール。「このゴルフクラブを買う代わりに、お風呂掃除を増やします」など、相手にとっての実益に訴えましょう。

○○のために、△△までに、●●円貯めましょう

男を動かすには、目的と数値目標を示すこと。漫然と「節約しよう」と言っても、「え〜」とふて腐れられるはめになります。

scene

21

収集癖

男は使えないものを集める
女は使えそうなものを捨てられない

男性の部屋にずらりと飾られた「ペットボトルのおまけ」「似たようなデザインの腕時計」。

女性の部屋のクローゼットに眠る「流行遅れの服」や「ショップ袋」、キッチンの棚を占領する「大量の空き瓶」。

男も女も互いに、「捨てればいいのに……」と言いたくなるようなモノを集める習性があります。

とにかく揃えたい！　収集すること自体に意味を見出す男

「収集癖」として重症なのは、どちらかというと男性のほうです。

狩猟本能があるため、何かを「狩って」自分の「巣」に持ち帰ることで満足感が得られるのです。また、自分のお気に入りの「趣味のモノ」に囲まれることで、独自の世界観をつくり上げ、演出・アピールしようとする傾向もあります。棚に飾って見せびらかす人が多いのはこのためでしょう。

このように収集癖が発揮された結果、フィギュアやカードなどのおもちゃ類、ライターやレコードなどの趣味のモノがどんどん部屋に溜め込まれていきます。つまり、女性にとっては「使えないもの」ですね。

男性の収集癖に火をつける「売る側」のしかけには、毎回「うまいな〜」とうならされます。たとえば「〇〇カード」やガチャガチャのフィギュアには、「全30種類」などのゴールがあるため、男性たちは「これは集めるミッションだ！」と感じ、コンプリートしたくなります。

なかなか手に入らない「シークレットキャラ」がいたり、「期間限定」など手に入る期間や個数が限定されていたりすると、男性のコンプリート欲求はさらに加速。「大人買いだ」などと言って、大枚はたいて購入する羽目になるのです。もちろん女性はこの感覚を理解できません。

それ、いつ使うの？　使えそうなものを捨てられない女

いっぽう女性が集めるのは「使えるもの」。冒頭に挙げた「流行遅れの服」も着ようと思えば着られますし、ジャムなどの「空き瓶」や服を買ったときに包装してもらう「ショップ袋」も、何かを入れる際にはたしかに便利でしょう。

とはいえ、流行遅れの服を本当にまた着るときが来るのか、空き瓶に入れるべきものはあるのか、紙袋は1つか2つあれば十分じゃないか……と検証していくと、結果的には男性と同じく「いらないモノ」を集めている。**女性の場合は「集める」というより、「使えそうなものを捨てられない」と言ったほうが正しいでしょう。**男性のように、喜んで集めているわけではないようです。

また、「着ないのはわかってるけど、愛着があって捨てられない」という主張も、男性には理解されにくいもののひとつです。

無理に捨てようとしたり、勝手に捨てたりするのはNG

夫婦で一緒に暮らしていると、お互いの理解できない収集物は実に厄介な存在です。しかし、まずは「自分とは違う発想で集めているのだ」ということを理解してください。

男性の収集に関しては、ある程度までの趣味レベルなら認めてあげてもいいでしょう。

やってはいけないのは、無理に捨てさせようとしたり、勝手に捨てたりすることです。「男の子」なら誰しも一度は、大事なコレクションを「ゴミだ」と判断したお母さんに捨てられて、悔し涙を流した経験があるものです。

この手の悲しみを味わった男性は、その先さらにコレクションに執着するようになりますし、「絶対に触らないで！」と神経質になって守ろうとしたりもします。意固地になって、収集癖を悪化させてしまうのです。

それよりは、男性が飽きるのを待ったほうがずっと簡単。コレクションすべきものは次から次に現れますし、コンプリートしたら熱が冷めたかのように関心を持たなくなるのも、極めて男性的。**「飽きたかな」と感じたタイミングを狙って「一旦、片付けていい？」と聞くと、意外と簡単にOKしてくれます。**

女性に関しても、NG事項は同じです。無理に捨てさせようとしない、勝手に捨てない。男性のような「お気に入りのコレクション」ではないため、仮に捨てられても泣くようなことはありませんが、「使えるものを捨てられた」「まだ使えたのに」という恨み言を何年も言われ続けるのは確実。

そんな**女性のコレクションを処分したい場合は、片付けなくてはいけない状況をつくるといいでしょう。誰かを家に呼んだり、部屋の模様替えを提案したり。**あるいは、「いざというときがきたら、新しいのを買おうよ、いや買ってあげるよ」と説得。ウソでもいいので安請合いします（そのいざというときは、きっと訪れないのですから）。

一緒に暮らしていると、相手の謎の習慣に悩まされることは多々あります。しかしたいていのことは、実はお互い様。

「こんないらないモノばっかかり集めて！」と相手のことを厳しく責めたりせず、穏便な解決法を探りましょう。

ひとくち男女語会話

相手が集めている不要なものを処分したいとき

必要になったらまた買ってあげるよ

「こういうときに便利だ」「あれが壊れたら出番がくる」など想定している妻に対して、「そのときがきたら、新しいのを買おう」「欲しいものをプレゼントするよ」と説得します。

一旦、しまっていい？

無理矢理捨てるのではなく、「そんなに大事な物だったら、壊すといけないからあっちの部屋に持っていっていい？」など、徐々にしまっていき、飽きるのを待ちます。

scene

22

家庭での役割

男は子どもでいたい 女は女でいたい

ある哲学者は、**「人間には『男性』『女性』『母性』の3つの性がある」**と言っています。男性は生まれてから死ぬまで一生男性のまま。しかし、女性は子どもを産むと「母」という別の性に生まれ変わるというわけです。

一生子どもでいたい男は、女に「母親役」を求める

基本的に男性は、一生子どものままです。女性のように子どもを産み、育てるという経験をしないためいつまでも成熟せず、気分は子どものまま。**どんなに大人ぶっていても、心の底では「大人になんかなりたくない」「遊んでいたい」と思っています**（逆に、子育てに熱心な男性はきちんと大人になっています）。

そして、男は全員多かれ少なかれマザコンです。

いくつになっても、どんな立場にいても、近しい女性に母親役を求めて甘えます。外ではビシッと仕事をこなす男性が、家では自分の服の置き場所さえわからない「だらしないお父さん」に豹変してしまうのは、妻に「母親役」を求めて甘え切っているからです。

結局、男がいちばん好きな女性は「自分が何をしても優しく見守ってくれるお母さん」。そのため**男は、いつの間にか妻のことを新しい「お母さん」だと思うようになります。**これは、妻が20歳年下だろうと同じこと。ただ「若いお母さん」になるだけです。

一生女でいたい女は、母親役を求める男にイライラする

いっぽう女性は、この状況に耐えられません。なぜなら女性は、いつまでも女でいたいからです。

こういうと「あれ？　母親になるんじゃなかったの？」と思うかもしれませんが、**女性が「母性」一色になるのは子どもがある程度育つまでの一時的なこと。**子どもを産み、育てる責任のある性として、子どもの手が離れるまでの間だけ「母」になるのです。

そのため、ある程度子どもが育ってくると「○○ちゃんのお母さん」「○○さんの家の

奥さん」と呼ばれる自分に違和感を持ち始めますし、セックスレスも不満。夫が自分のことを「お母さん」「ママ」と呼び、自分が面倒を見なければならない状況にも違和感をおぼえます。「母」から「女」にスイッチが戻るわけです。あるいは、マルチタスクで多面的な女は、「母」も「女」も同時に易々とこなすと言えるかもしれません。

小学生の頃から、女の子の精神年齢は同い年の男の子よりもずっと上です。早々に「誰が好き」「〇〇くんがかっこいい」と「恋バナ」を始める女の子に対して、男の子はアニメやサッカーの話に夢中です。中高生になると男子も「恋バナ」らしきものをし始めますが、残念ながらメインは性欲。彼らの「好き」も「かわいい」も、平たく言えば「やりたい」なのです。女子の考える「崇高な心のやりとりとしての恋愛」とはまったく別物です。

このような男性の状況を見るにつけ、女性は「いつになったら男は大人になってくれるのだろう」とヤキモキしていますが、残念ながら彼らの精神年齢が女性に追いつくことはありません。

結婚、出産とライフステージが変わっていくたびに成熟し、変化する女に対し、男は一生何も変わらない。「私は大人になって、母の役目もしてるのに、どうしてあなたは変わってくれないの？」という不満が出てくるのも当然でしょう。

妻と恋人のように接し、夫と友達のように遊ぶ

いつまでも子どもでいたい男性と、いつまでも女として扱われたい女性が仲良く暮らしていくためには、お互いが望むように接していくしかありません。

夫を喜ばせるためには、相手は子どもなのだと認識して、「友達」のように一緒に遊んであげるのがいちばんです。交際中は女性も男性の「遊び」につき合って、趣味を一緒に楽しんだり、仕事の話を聞いてあげたりしていたはずです。結婚して「家庭というビジネスのパートナー」になったとしても、少しは彼らと「楽しみ」を共有しましょう。

ちなみに、男性にとって仕事は、趣味や遊びのひとつ。「仕事でうまくいった」という妻にとっては退屈かもしれない報告も、彼らにとっては楽しい会話なのです。「今日は○○くんとゲームして遊んだ」という子どもの報告と一緒だと思って、「そう、よかったわね」と聞いてあげましょう。

いっぽう**夫は、交際中と同じように妻を「恋人」として扱うこと。**相手は現実モードに突入して「社長」の顔になっていますが、心の底では女として扱われることを望んでいるのです。

どんな会社もトップは大変です。何かと気苦労が多い。そのことをわかってあげて、記念日を大切にしたり、たまには子ども抜きでデートをしたり、記念日ではない日にサプライズでプレゼントを贈ったり。一般的に言う「クサいこと」をしてみましょう。間違いなく喜んでくれます。

ただし、子どもを産んだ直後の女性は、ホルモンの関係で完全に「母」になるため、どんな恋人演出も効果がないという説も。しかし、それはホルモンが原因なのであって、妻が別人になってしまったわけではありません。いつかは終わることなので、その間は男性も「子どもでいたい自分」を封印して、「良き父」「良き夫」の顔になり、子育てに励みましょう。

「母」である期間に夫がどれだけ協力してくれたかは、その後の長く続く夫婦関係に大きく影響します。ここでの失点は、あとで取り返せません。気合いを入れて臨みましょう!

ひとくち男女語会話

夫婦円満の万能ワード

たまには、ふたりでデートしようよ

「ふたりで」「デート」という言葉をあえて使うのがポイント。子どもがいるなら「子どもの面倒見てるから、美容院でも行ってきなよ」「友達と会ってきなよ」なども。

今日、仕事どうだった？

小さい子に「今日、学校どうだった？」と聞くように、その日あったことを聞きます。「今日はどんな一日だった？」でもＯＫ。話し出したら「すごいね！」「やるじゃん！」とほめちぎります。

scene

23

家事・育児

男はモノタスク 女はマルチタスク

昔の日本の家庭は非常にシンプルでした。「男子厨房に入らず」などという言葉もあるほど家庭内での分業が進んでいたため、夫は外で仕事をしているだけ、妻は家事や子育てに専念すればよかったのです。

ところがもちろん、現在ではそうはいきません。この項では、家事・育児の分担について考えます。

マルチタスクの女は家事や子育て向き

女性の脳は、右脳と左脳の連結が強い「マルチタスク」。論理的な思考と直感的な思考が同時に必要とされる複雑な作業を同時進行するのに向いていて、家事や子育てが得意です。

たとえば、洗濯機を回しながら朝食をつくり、子どもが元気よく、ちゃんと食べているか観察して、夫に忘れ物がないか確認し、横目でニュース番組を見る……というような、**お母さんが普通に行っている作業は、脳が「マルチタスク」だからこそできること。右脳と左脳の連結が弱い「モノタスク」な男性の脳では、とうてい対応できません。**

「男は外、女は内」という構図は、適材適所でもあったのです（もちろん、女性が外での仕事に向いていないという意味ではありません）。

モノタスクの男は、妻に指示を仰ぐべし

しかし、今の日本は女性も男性と同じように働く「共働き」がスタンダードの時代。男性とて、「苦手だから」と家事を疎かにするわけにはいきません。家事も子育ても夫婦で分担していかなくてはならないのです。

とはいえ、夫婦共働きが主流になった今でも、やはり多くの家庭で家事の主力となっているのは妻のほうでしょう。では、夫はそんな「アウェー」な家事の分野で、どのように立ち振る舞っていけばいいのでしょうか。

夫が妻のやり方、進め方に合わせるのが基本ルール。肝心なのは、夫側の合わせ方、妻側の指示の出し方です。

夫は本質的に気がきかない自分の特性を認識して、「何かできることはない?」「〇〇しようか?」と妻に指示を仰ぐこと。会社と同じように、手が空いたら自分から仕事をもらいに行くのです。やり方がわからなければ取りかかる前に「どうすればいい?」と具体的な進め方を聞きましょう。新入社員に戻ったつもりで、先輩である妻に手順を教えてもらうのです。

ここで注意したいのは、男性は「手伝ってあげるよ」などと上から目線で家事に取り組まないということ。この「手伝う」というひとことさえ言わなければ、どれだけ多くの家庭が平和に包まれることか!

何度もいうように、家事は今や夫婦で分担して行うべきものです。「家事は妻の仕事」というイメージがあるため、どうしても「手伝う」というサポート的な気持ちになってしまうのもわかりますが、言葉にした瞬間、反感を買うことを覚えておきましょう。「あなたの役に立ちたいのだ」と下手に出て、家事を任せてもらえるよう働きかけるのです。

子どもの夜泣きなど「(授乳できない)自分は戦力外だな」と判断できる場合でも、妻に任せて眠ってはいけません。「明日仕事があるから、自分は寝たほうがいい」というのが合理的な判断ですが、この場合は効率的であることより、育児中の妻の気持ちに配慮することのほうが重要。何もできなくても、一緒に子どもが泣き止むまで起きていれば、それだけで妻のイライラは軽減されます。妻にしてみれば、結果的に夫が何の力にもならなくても（それはもともとわかっていること）、「一緒に起きていてくれた」というがんばりを評価します。

夫への指示はできるだけ具体的に

逆に、妻は夫のことを新入社員だと思いましょう。家事において、夫は完全に「指示待ち人間」です。「ケースバイケースで」「臨機応変に」対応するというような気のきいたことはできません。**夫に家事を頼む場合は、新入社員に仕事の指示を出すつもりで、「何をどのように進めればいいか」彼らが具体的にイメージできるよう伝えましょう。**

たとえば「洗濯物を干して」と言うだけでは、男性は女性が意図するところがわかりません。「Tシャツはハンガーにかけて、ハンカチや下着は洗濯ばさみで留めるの。こうやって引っ張ればちゃんとシワが伸びるから、全部伸ばしてから干してね」など、「ここまで言うか!?」と思うほど懇切丁寧に説明する必要があります。で、実際に夫が家事を終えたら、「すごく助かった！　本当にありがとう。やっぱりお願いしてよかった」と、出来がどうであれ大げさにほめることが大切です。

十分におだててから、「でも、間隔を空けて干したほうがもっと速く乾いて効率的なんだよね」など、叱るのではなく、自分の指示不足を認めて「今度からはお願いね」と具体的に指示を出します。そうすれば夫は「新たな指示が加わった」と、快く改善してくれるでしょう。非常に面倒ですが、これが夫にうまく家事を分担させるコツです。

なかには、家事そのものに非協力的な夫もいますが、多くの場合は家事を「ミッション」と認識させることで対応できます。「私は出勤時間が早いから、ゴミ出しはあなたの担当ね。その代わり、洗濯は夜のうちにやっておくから」など、夫が家事をすべき合理的な理由を示しましょう。

「あなたもやってよ！」と怒るのではなく、夫に響きやすい言葉を選ぶことが肝心です。

ひとくち男女語会話

夫婦で協力して家事をするには

〇〇やろうか？

妻に家事のこだわり・ルールがあるなら、それを尊重。上級者になったら「これやっといたから」もOK。

〇〇を△△にしたいから、××してくれる？

業者への発注と思って、丁寧にオーダーします。もちろんうまくいったら「助かる！」と褒めちぎります。「もっとこうしてほしい」というと、「じゃあ、自分でやれば？」と拗ねられるので要注意。

scene

24

家庭での振る舞い

男はボーッとしている 女はイライラしている

家にいるときの男は結構な割合でボーッとしています。

一説によると、ボーッとしているように見える間、男性の脳のイメージ領域（右脳）はフル回転していて、何事かを考えているようです。脳が高速で働きすぎて、しばしそれ以外の動きが停止している状態なのです。

となれば、一応は「必要な時間」といえますが、高速で情報処理できる女性が「考え事くらい、何かしながらでもできるでしょ」と感じるのもごもっとも。逆に、「そんなこと言われても……」と妻のイライラに夫が困惑する気持ちもわかります。

夫婦のこのテンションの違いも、しばしば家庭の雰囲気を穏やかならぬものにする原因となります。

イライラする女に困惑する男。
最悪の場合は不倫相手に安らぎを求めて……

先ほどの脳の話は別にしても、**男性はいささか家庭でぼんやりしすぎているようです。**もともと察しが悪く気がきかない上に、結婚すると妻を母親のように感じるため、ついつい甘えが出るのでしょう。

かつては狩りや戦い、現代では仕事の疲れを癒すかのように、家では気を抜いて（ときに抜きすぎて）完全なリラックス状態になります。忙しく家事をする妻を尻目にボーッとテレビに見入ったり、やっと活動的になったかと思えば趣味のために出かけてしまったり。そのため、家族からは「お父さんはダメな人」と認識されることが多いようです。

いっぽう**女性は、家の中では大体イライラ・ピリピリしています。**妻は家庭においては社長ですから、家計のこと、子どもの進学のこと、ご近所との人間関係……とストレスの種は尽きません。

また、いろいろなことに気がつく（気がついてしまう）ため、必要以上のストレスを抱えて気疲れしてしまうことも多いようです。

しかし、**気が回らない夫には妻の不機嫌の原因がわからないので、ただただ「イヤだな」「怖いな」と感じます。**居心地がいいはずの家で妻がイライラしていると、「リラックスしたくて家に帰ってくるのに、憂鬱だな」と（勝手に）げんなりするのです。

結果的に、家に帰りたくなくなってしまい、家庭以外の楽しみに夢中になったり、最悪の場合、不倫相手に安らぎを求めたりするようになります。そういう夫の行動を「仕方がない」とは言いませんが、妻に「まったく責任がない」とも言えないでしょう。

妻を上司に、夫を部下に置き換えて考える

このような悪循環を引き起こさないためには、夫婦が協力して「雰囲気づくり」をすることが必要です。**職場でモチベーションを上げるために気配りをするのと同じように、家庭でも意識して良い雰囲気をつくるのです。**

これはある知人の男性から聞いたことですが、彼は仕事が終わっても「あー、家に帰ってリラックスしよう」とは思わないそうです。それどころか、「よし、もうひと仕事がんばるぞ」と気合いを入れ直して家に帰ると言います。彼にとって「ただいま」は、仕事の第2ラウンドが始まる合図なのです。

さすがにそこまで気を張れる人は少ないでしょうが、要はそれくらいの緊張感が必要ということ。

家庭の問題は、職場での問題に置き換えると、意外に簡単に正しい対処法が見つかります。たとえば上司がイライラしていても、「課長、イライラしないでください。職場の雰囲気が悪くなります」とは言いませんよね。ひとまずはそっとしておき、ご機嫌が戻るのを待つはずです。

家庭の場合も同じで、**機嫌の悪い妻のことは、しばらくそっとしておいてあげましょう。**何か話したそうな空気を感じたら、愚痴を聞いたり、不満を吐き出させたりしてあげればいいのです。

いっぽう女性は、**ボーッとしている夫を「出来の悪い部下」だと思って、どんどん仕事を与えてあげましょう。**夫は家庭では完全に「指示待ち人間」なので、「言わなくてもわかるだろう」と期待するのはやめて、どんどん自分がしてほしいことを伝えるのです。

ただし、「暇ならやってよ!」と叱りつけるのではなく、「洗濯を手伝ってくれると助かる」「アイロンがけ頼める?」など、あくまで「提案」の形をとること。

また、自分は夫にとって上司なのですから、「たまには飲んで来たら？」「友達と羽を伸ばしてきたら？」とリフレッシュをすすめたり、多少は趣味に熱中するのを許したりするのも懐の深い行いです。

この章の冒頭で「家庭運営は仕事に近いプロジェクト」というお話をしました。

その大前提に照らし合わせれば、家庭ではお互いの感情の赴くままに行動していてはいけないということがわかるはずです。きちんと気づかい・緊張感をもって相手に接する。**いわば「水臭い関係」であるべきでしょう。**

長い時間一緒にいれば、マイナスの部分が出てきても仕方がありません。それをリカバーするための配慮ができるかどうかが肝心なのです。

ひとくち男女語会話

相手を気づかうとき

どうしたの?

まずはきちんと妻の様子を察すること。そのうえで、イライラしている妻には、「どうしたの?」のひとこと。「別に」と言われたら、そこで初めて、そーっとしておきます。

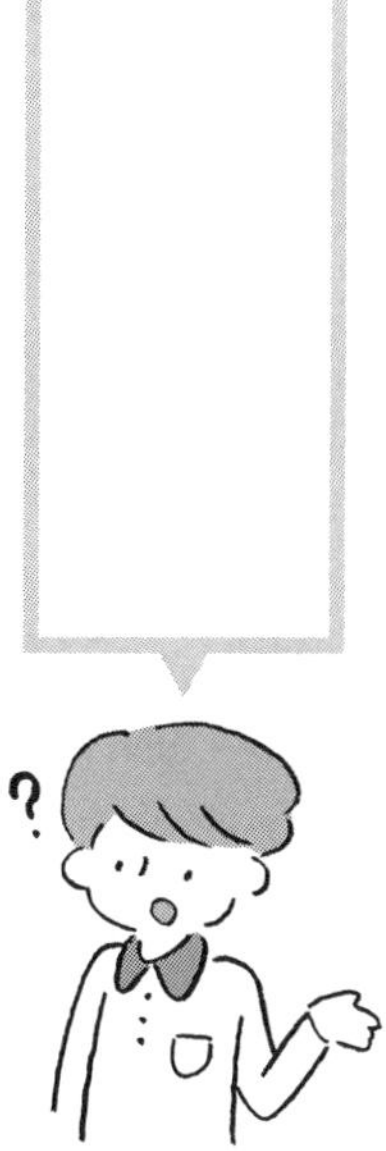

どうしたの?

ボーッとしている夫を見かけたら、「どうしたの?」とひとこと。「どうもしないよ」と言われたら、すかさず「よかった。じゃあ、これやってくれる?」と作業を頼みましょう。

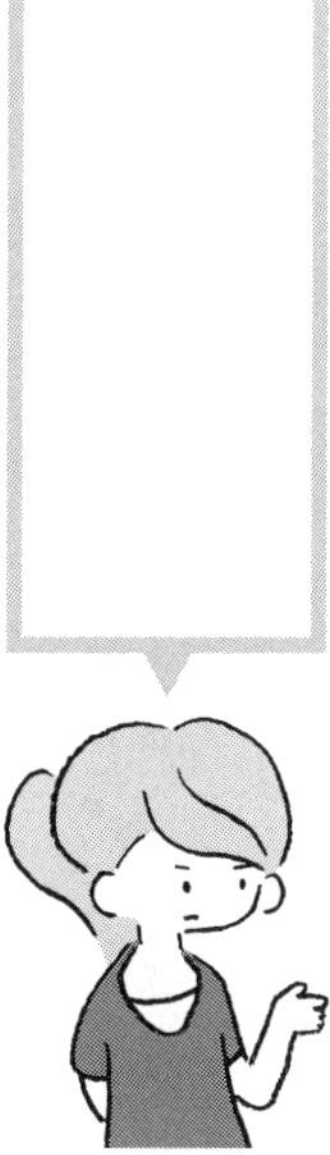

scene

25

夫婦の会話

男は人前で話が長い 女は気を許した相手に話が長い

男と女では、「話を聞いてほしい」と感じる相手が違います。コミュニケーションの基本ともいうべき「話す」「聞く」の部分ですれ違わないのが、夫婦円満の秘訣。では、どうすれば夫婦の会話はうまくかみ合うのでしょうか。

男は他人から尊敬されたい、女は身内に共感されたい

男性が話を聞いてほしいと感じる相手は「他人」です。

男性は「世界に認めてもらいたい」「より多くの人に影響力を与えたい」「尊敬されたい」という欲求があるため、人前で話す機会を与えられると、どうしても話が長くなります。特に自分の得意分野、仕事に関わる専門分野の話だと、長くなる傾向にあります。大

勢を前にした男性のスピーチは、結局のところほとんどが自慢だといってもいいでしょう。

ちなみに、「時候のあいさつから始める」などの形式があり、効率よく、序列を意識して話す「スピーチ」は、非常に男性好みのコミュニケーションです。「ルール通り、時間内に話すべきことをおさめる」というミッションに、ある種の達成感を覚えるのでしょう（一方的でもOKなところも彼ら好み）。

しかし、好きだからといっておもしろいかどうかは別問題。結婚式などでも、新郎新婦の涙を誘うようなスピーチをするのはたいてい女性。男性は、よくもこんなにつまらない話ができるものだな、と感心するほど型通り・ハウツー本通りのスピーチをします。本人は「やり切った」とご満悦なので、それはそれでいいのかもしれませんが。

一見「話したがり」の男ですが、妻の前では一転、非常に無口になります。家ではリラックスしたいと考えているため、おしゃべりをするエネルギー自体を節約するのです。

いっぽう、女性が話を聞いてもらいたい相手は「身内」です。**女性はおしゃべり自体が好きですし、話すことで「ストレスを解消したい」「共感し合いたい」と思っています。**

そのため、夫や子ども、親しい女友達など、気を許した相手にほど長話をする傾向にあります。逆に、人前できちんと目的を持ってプレゼンやスピーチをするのは、不慣れなことが多いようです。

夫婦円満！　相手の話を聞くコツ3か条

一方的に自慢したい夫、双方向的に共感したい妻。これでは、夫婦の会話はすれ違い、やがては減っていきます。まずはお互いの「聞く姿勢」を見直すことが必要でしょう。男女ともに当てはまる「話を聞くコツ3か条」を紹介します。

1　アドバイスをしない
2　話の腰を折らない
3　ほかのことを考えない

ひとつずつ説明していきましょう。

1　アドバイスをしない

特に男性は話に結論を求めるため、「それなら○○したらいいんじゃない？」などとアドバイスをしがちです。

しかし、多くのコミュニケーション本にある通り、女性は結論やアドバイスを求めておしゃべりをしているわけではありません。**ただ聞いて「そうなんだ」「わかるよ」と共感してほしいのです。**

また、アドバイスをすると「上から目線に聞こえてしまう」というデメリットもあります。話をまとめたくなる気持ちはわかりますが、グッとこらえて「純粋に聞き」「話しやすいよう相づちを打つ」ことが大切です。

2　話の腰を折らない

「どういうこと？」「何でそんなことしたの？」など、相手が話している最中に、自分が気になったことを問い質すのもＮＧ。

話にはリズムというものがあります。**盛り上がって話しているときに詰問したり余計な相づちを入れると、気分よく話している相手の気持ちを盛り下げてしまうのです。**「合いの手」のつもりでも、相手にとっては邪魔になる場合があるので気をつけましょう。

3 ほかのことを考えない

話に集中するということです。夢中になって話しているときに、相手が上の空だとわかると、誰でも非常に寂しい気持ちになるものです。

携帯を見たり、テレビを観たりするなど露骨に「集中していない」とわかる態度はもちろん、「お腹すいたな」「話長いな」など、ほかのことを考えるのもやめましょう。「聞いてるフリをしているだけだな」と気づかれてしまいます。

この基本を踏まえた上で、**夫は家に帰ったらしっかり妻の話を聞くこと。**

多くの夫は家でリラックスしたいと思っているため、妻の話をあまり聞こうとしません。延々と続く、終わりの見えないおしゃべりに付き合うのが苦痛なのです。「仕事で疲れてるんだ」などと言って、あからさまに拒絶したりもします。

しかし、職場で上司に話しかけられて「疲れているから」と無視しませんよね？　いっそ、「聞かない」という選択肢はないのだと肝に銘じ、腰を据えて妻の「おしゃべり」に向き合いましょう（それも家庭という企業での大事なお仕事です）。

特に、子育てなどで家にこもっている場合、妻の話し相手は夫だけです。「やっと話を聞いてくれる相手が帰ってきた！」と思って、女性はわくわくしているのです。そう考えれば、少しくらい長いおしゃべりにも耳を傾けられるのではないでしょうか。

女性も、自分の話に共感してもらうだけではなく、わからなくても退屈でも夫の仕事の話を聞いてあげること。

相手が話そうとしない場合は、自分から「今日は何があった？」と聞き出して、おもしろくもない自慢にも感心して見せ、大げさにほめるのです。妻がほめてくれる相手だとわかれば、男性は家でもおしゃべりになります。

お互いに、もしどうしても相手の話を聞くのが面倒なら、「一緒にお酒を飲んでしまう」という手もあります。

お酒が入ると、多少のことは気にならなくなりますし、酔っているといつもより早く時間がたつものです。飲み会の翌朝「4時間も居酒屋で何の話をしていたんだっけ？」と考えても、いっこうに思い出せない……という経験がある人もいるのではないでしょうか。それを家庭内でも実践します。

私のまわりでも、一緒にお酒を飲む夫婦は揃ってみんな仲良しです。彼らがお互いの話をどう感じているかはさておき、お酒を片手に十分コミュニケーションをとっているからこその結果でしょう。

意味のない雑談に思えても、今日どんなことがあったのか、そこで何を感じたのかという会話は、お互いへの理解を深めるヒントになります。日々のコミュニケーションの積み重ねが、よい夫婦関係を築く上では不可欠なのです。

ひとくち男女語会話

円満な夫婦の会話の基本フレーズ

……そうだよね、わかるよ。……確かに

基本スタンスは味方になって共感。すべての語尾に「よね」をつけるだけで、共感してるっぽく聞こえます。アドバイスしたいときには「～っていう手もあるよね」と選択肢を提示。

そうなんだ、よかったね！

基本スタンスは応援。「さすが」「すごい」を繰り返しすぎたときは、素直に感想を。アドバイスしたいときには「よくわからないけど、～～だったりするんじゃないかなあ」と遠回しに。

scene

26

変化

男は変わりたくない 女は変えたい

前にもお話しした通り、女性には変身願望があります。実際、脳の構造上、女性は切り替えが早いので、変化に対応するのはお手の物。ですから、男性にも変化を期待します。

しかし、男性は新しい環境に対応するのが苦手ですし、まったく変身願望がありません。どちらかといえば、かたくなに「自分を変えたくない」と思っています（成長はしたいと思っていても）。

そんな「変わりたくない」男性を変えるのは至難の業。女性が思っているほど簡単なことではありません。そのため、相手を変えたい妻と絶対に変わりたくない夫の間では、常に衝突が生まれます。

わけもなく変化に抵抗する夫は「プライドが高い使えない部下」

まず女性にアドバイスしたいのは、相手が変わってくれることを前提に結婚してはいけない、ということです。たとえば「結婚するのだから、もう浮気はしないだろう」「結婚したら、もう少し計画的にお金を使ってくれるんじゃないか」「子どもができたら、仕事ばかりじゃなく家族のための時間をつくってくれるはず」。

女は男にいろいろなことを期待しますが、残念ながらどれも難しい。**男性は、一度つくり上げた自分のやり方をなかなか変えようとしません。**

そういう夫は、プライドが高いばかりで仕事ができない新入社員のようなものです。彼らはわけもなく自分のやり方に自信を持っているので、こちらがどんなに良いアドバイスをしても耳を貸しません。画期的なルールをつくっても、必死になって従来のやり方にしがみつき、抵抗したりします。

「自分を変えるのは負けるのと同じ」と思っていますし、自分が新しいルールに慣れるのに時間がかかることを知っているので、「そんな苦労はしたくない」と考えるのです。

こんな相手が自分の部下だったら……と思うとうんざりですが、**世の多くの夫は「プライドが高い使えない部下」**。自分の夫だけは例外だなどと思わず、「男はなかなか変わらない」ということを事実として受け止め、それを前提に対処しましょう。

妻は「世話好きのデキる上司」。まずは従順に従うふりを

男性にアドバイスしたいのは、妻に合わせて変わってしまったほうが楽だということです。夫が変わらない限り攻防戦は続きますが、変わった「ふり」をして見せるだけで、妻からの風当たりはずいぶん和らぎます。

妻のことは、「世話好きのデキる上司」だと思うとわかりやすいでしょう。

家庭内で彼女たちが言うことは、大体正しいのです。たとえば「おこづかいは3万円」「飲み会を減らして」「禁煙して！」などのルールやノルマは、男性にとってなかなか受け入れられるものではないでしょう。つい「屈しないぞ」という気持ちになって「絶対にイヤだ」と反抗したくなるのもわかります。

でも、考えてみてください。家を買おうと思ったら先立つものが必要ですし、体のこと

を考えれば、お酒もタバコも控えたほうがいいのは確実。妻（上司）は大切な家族のことを考えて正論を言っているのです。

また、多くの働く妻たちは、いつも会社で男のルールに合わせて仕事をしています。家にいるときくらい、夫には自分のルールに合わせて行動してほしいと感じても仕方のないことでしょう。

家庭では「妻が社長で夫が部下」。それを思い出せば、社長が社員を「社風にフィットする人材に変えよう」とする情熱も理解できるのではないでしょうか。

基本的には、夫が折れて妻に「合わせるふりをする」のが良い解決策です。もちろん、本当に妻の言う通りに行動できるならそれがいちばんですが、無理は禁物。まずは男性が「従順な部下」を演じるくらいでいいでしょう。

男性は、妻のアドバイスに対して「言う通りにする」「がんばってみる」と前向きな姿勢を見せること。「やっぱり君は正しいね」と妻の提案をほめ、おだてるのも効果的です。

やってはいけないのは、妻に対して「裏切る」行為です。たとえば「禁煙する」と言ったのに内緒で吸ったり、妻にウソをついて飲み会に参加したり。女性は、ウソや裏切りに関して鋭い嗅覚を持っていますし、一般に男性は隠し事が下手です。

一度裏切りが発覚すると、失われた信用を取り戻すのは非常に困難なので、騙すようなことはやめましょう。禁煙できないなら「家では吸わない。だんだん減らすように努力する」と言ったり、「歓送迎会が多い時期だけは飲み会も許して」と交渉してみたり。「変わったふり」と言うと勘違いする男性もいるかもしれませんが、「妻の言う通りにする方向でがんばる」という体で「お茶を濁す」のです。

いっぽう**妻は、あまり期待しすぎず、時間がかかることを承知で夫の変化を待つこと。**

部下はなかなか成長してくれないものです。

叱りつけてどうなるものでもないので、焦らず気長に。がんばりは認めつつ、優しく指導し続けましょう。また「効率的」「ムダがない」など、夫にメリットが伝わりやすいコミュニケーションをすることも大切です。

ひとくち男女語会話

新しいルールを決めるとき

一生懸命がんばります！

長い目で見れば、上司の言うことには逆らわないほうが賢明。少なくとも、やる気と従順な姿勢はアピールしましょう。

○○のほうが効率的じゃない？

理由をなるべく論理的に説明し、わかってもらう努力を。もちろん最終的には、おっかない上司のように「いいからやって！」もありですが、失うものも大きいでしょう。

scene

27

仲直り

男は謝れない 女は忘れない

男はプライドを大切にする生き物です。そのため、**ケンカをしても「謝ったら負け」などとつまらないことを考えて、なかなか謝ることができません。**

女はプライドなど「どうでもいい」と思っているので、自分が悪いと納得すれば（あるいはそのほうが丸く収まるなら）すぐに謝ることができます。しかし、**相手に落ち度がある場合、謝られてもなかなか水に流すことができません。**記憶力がいいせいで、いつまでも引きずってしまうのです。

長く一緒に暮らしていれば、どんなに仲がいい夫婦でも一度や二度はケンカをします。では、どうすれば上手に仲直りができるのでしょうか。

女に言い訳は逆効果

ものすごく基本的な人づきあいのルールですが、ケンカをしたらお互いに謝りましょう。そして、謝ったらその場で水に流すこと。これが大原則。これさえできれば、少しくらい意見が合わない二人でもうまくやっていけます。

男性は、「ケンカをしたら謝る」というルールを頭に叩き込んでください。プライドが許さないなどとは思わずに、「ケンカ→謝罪→仲直り」というルーチンだと考えて、仲直りのツール、平穏な日々へのパスポートとして謝罪を選択しましょう。

妻のことを「何でも許してくれるお母さん」のように思っていると、甘えが出てしまうかもしれませんが、上司だと思って襟を正してください。自分がミスをしたときに、プライドが許さないからといって上司に謝らない人はいないはずです。許してもらえるよう、誠心誠意謝罪するのではないでしょうか。妻に対しても同じことをしましょう。

その際は、妻の心に響くよう、マインドベースで謝罪すること。感情面に訴えかけるのです。

たとえば記念日に早く帰れなかった場合は、「二人の記念日のために準備してくれていたのに、君に悲しい思いをさせてごめん」が正解。

男性はつい「帰ろうと思ったら部長に呼び止められて、仕事を頼まれちゃったんだよ。今度から連絡するから」などと言い訳・説明しがちですが、それは逆効果。どんなに避けられない理由があっても、妻に悲しい思いをさせた事実は変わらないはずです。原因や解決策を提示しても、女性の気持ちはおさまりません。まずは、不快な気持ちにさせたことに対して謝りましょう。言い訳や弁解をするのはそのあとです。

「ごめんなさい」には「ごめんなさい」で返すのがルール

それに対して**女性は、「水に流す」ことを覚えましょう。そして、喧嘩中は目の前の問題以外のことを持ち出して怒らないこと。**

女性は記憶力がいいので、数年前の夫のミスもしっかり覚えています。やろうと思えば、すぐに当時の不快な気持ちを思い出し、泣くこともできるほどです。

そのため、ケンカをしているときに「あなたは前にもそんなこと言ってた……」「3年前の記念日にも10分遅れてきたじゃない！」などと昔のことを持ち出して、完全に忘れてしまっている男性を困惑させるのです。

しかし、同じネタで何度も責められるのでは、さすがにかわいそうです。しかも多くの場合、男性は何も覚えていないので、理不尽に八つ当たりされているかのように感じます。そして女性は「自分がこんなに傷ついているのに、何も覚えていないなんて」と夫に失望して……と悪循環にハマると、いつまでたっても仲直りできません。

過去のことを忘れられないのは仕方がありませんが、女性はケンカ中は目の前の問題に集中すること。そして、**夫がプライドを捨てて「ごめんなさい」と謝罪してきたら、自分が悪くなくても「私も悪かった。ごめんなさい」と返してください。**

よく「ごめんなさい」に「いいよ」「許してあげる」などと返す人がいますが、これはルール違反。「ごめんなさい」に返す言葉は「ごめんなさい」しかないのです。特に夫婦というパートナーシップにおいては。

男性は仲直りをするために謝る。女性は仲直りのためにその場で水に流す。これがルールです。こう言うと、まるで夫のほうしか悪いことをしないかのようですが、まぁたいていはそうでしょう（笑）。さらに、**謝罪のタイミングは早ければ早いほど、仲直りはスムーズに進みます。**

どれだけ立派な肩書きを持つ年配の男性でも、「いまカミさん機嫌悪いんだよなぁ」と本当に悲しそうな表情を浮かべるもの。小さなケンカをこじらせて、長い間イヤな思いをしないためにも、双方ともに儀式的に「ごめんなさい」のやり取りを済ませてしまいましょう。

ひとくち男女語会話

仲直りをするとき

（嫌な思いをさせて）ごめんなさい

適当に「ごめん、ごめん」と謝ると、「何がごめんなのか、言ってみて」と問い詰められることに。相手の感情にフォーカスを当てて謝るのが効果的です。

私も、ごめんね

退路を完全に断って追いつめると、ろくなことはありません。「言い過ぎた」とか「もっと早くに言えばよかったね」など、少しでも自分の非を認めましょう。

第4章

仕事・職場編

ビジネスは男のルールでできている

最後のテーマは、「仕事・職場」です。

ビジネスは、「勝ち負け」のあるシビアな世界。上下関係にもとづいて、部下なら命令されますし、上司になれば人を動かす必要もあります。

また、女性が男性と同じように働くようになってからの歴史が浅いため、男性のルールで動いている部分も大いにあります。たとえば、横社会よりは縦社会で、プロセスよりは結果が重視されます。そのため、横社会で仲良くするのが好きな女性よりも、縦社会でゴリゴリ出世を目指す男性のほうが、今のところビジネス向き。

ですから、仕事・職場では女性が男性のコミュニケーションに合わせたほうがスムーズでしょう。

もちろん、男性が女性のコミュニケーションを学ぶことで、お互いへの理解が高まり、職場の雰囲気が和やかになることもあります。「男は変わらなくていい」ということではありません。理想は、男女のコミュニケーションの「いいとこどり」。

ビジネスが円滑に進み、職場の人間関係をよりよく保つには、どんなコミュニケーションを選択すればいいのでしょうか。じっくり考えていきましょう。

ビジネスは男（野球）のルールが主流。ままごと遊びで育った女性は、なかなか馴染めません。

scene

28

仕事の原動力①

男はギラギラしたい 女はキラキラしたい

基礎編でも少しお話ししましたが、男と女の仕事の価値観は「野球」と「ままごと」という言葉に凝縮されます。**男は、子どもの頃からチームで野球に取り組んで、縦社会や序列に慣れ親しみ、勝つための努力をしています。**これは会社で仕事をするのとよく似た仕組みなので、男性は女性に比べてビジネスに順応するのが早いのです。

しかし、「ままごと」をしてきた女性たちは、そういうわけにはいきません。**女性が大切にするのは、ままごとという仮想世界をみんなで協力してつくり上げる「協調性」や「共感力」**。人間関係を穏やかに保つためには必要な能力ですが、ときに他人を出し抜かなくてはならないビジネスでは、邪魔になることさえあります。そのため、なかなか職場で実力を発揮できない女性もいるようです。

肩書き、年収、有名企業……ゲームのように出世を追い求める男

前提としてこのような違いがあるため、男性と女性とでは仕事に求めるものが変わってきます。**シンプルにいえば、仕事は男のすべて。恋愛でも結婚でも結局のところ主役は女ですが、仕事なら男が主役になれます。**

また、恋愛、結婚、仕事、出産、子育て……と、バラエティに富んだ女性のライフステージに比べて、男性の人生では仕事がかなりのウエイトを占めます。ゲームでいえば、「仕事」というひとつのステージが20代から約40年間も延々と続くのです。結婚して子どもができたりすれば、「辞める」という選択もいよいよなくなります。家族を養っていくためには、仕事で失敗するわけにはいかない。男性が、この長いゲームに賭ける気持ちになるのは当然でしょう。

そんな思いで仕事に取り組む**男は、貪欲に「出世」を追い求めます。**ひところ流行したドラマ『半沢直樹』の「ギラギラ」した世界がまさにこれ。策略を張り巡らし、他人を出し抜き「倍返しだ！」というわけです。がんばって成功を積み重ねた

ご褒美として、肩書きを得たり、年収が上がったり、よりブランド力の高い大企業に転職したり。「出世」の捉え方は人それぞれですが、とにかく人から「すごい」と言われたい。うらやまれる存在になりたい。権力を持ちたい。人の上に立ちたい。男性は、母親にほめられたくて勉強した子ども時代と、基本的には変わっていないことがわかります。

自分がキラキラ輝ける職場でみんなと仲良くしたい女

いっぽう、**多くの女性が仕事に求めるのは「やりがい」**。

仕事内容そのものが楽しいか、誰かの役に立っていると感じられるか、自分でなければできない仕事なのか。人間関係や風通しといった職場の雰囲気や、将来的なことを考えて育休産休制度、福利厚生を気にする人もいます。

つまり、**自分が「キラキラ」輝いていられる仕事・職場かどうかを見ているのです。**

心の底では、職場のみんなと楽しく「ままごと」がしたいと思っているので、出世には興味がありません。まわりの誰かを出し抜いて仕事で成果を出しても、それによって女子グループの中で肩身の狭い思いをするなら、女性にとっては大失敗。そのため、大きな仕事を意図的に避ける人もいます。

しかし、「マイペースにやりたい」「責任のある仕事はちょっと……」などと言っていると、必死で仕事に取り組んでいる男性たちは怒ってしまいます。「一緒にがんばれない女と仕事はできない！」と感じるのです。

仕事が野球と同じチームプレーである点を思い出せば、男性の気持ちもわかるでしょう。必死で走り、汗を流しているときに、涼しい顔をして「勝つの興味ないんだよね」などと言うチームメイトがいたら、腹が立って当然です。

職場では、男性のモチベーションを上げるためにも「この仕事、絶対とりましょうね！」などと、前向きな「攻め」の姿勢を見せるべき。自分もちゃんと勝つためにがんばっているよ、という「ふり」をするのです。


男性は、こういった本音を知っておくことで、女性の部下に仕事を振る際に役立ちます。

たとえば、女性のモチベーションを上げようとして、「うまくいったら昇進だ！」などと言ってもムダ。出世に興味がない彼女たちには、まったく響きません。それよりは、**「○○さんにしかできない」**と能力を認めたり、**「○○さんのおかげで助かっている」**と存在意義を示してあげたりするほうが、よほど効果的。女性たちは、「この上司は私のことをちゃんと見ている！」と感動するわけです。仕事内容を気にする点では、女性は男性より仕事に対する姿勢がピュアだといえるかもしれません。

　このことを裏付けるように、**最近では出世より仕事の内容を重視する「キラキラ男性」が増えてきました**。今の日本では共働きが一般的。「家族を食わせていくためには、何が何でも我慢しなくてはいけない」という必死さが薄れてきた結果、女性的な考え方をする男性が増えています。

　定年後、仕事がなくなると「もうオレには何もない」と途端に老け込む男性は多いもの。仕事とは一定の距離を置いてつき合う女性は、仕事以外の楽しみや人間関係を持っているため、仕事を辞めてもそこまで落ち込むことなく、スムーズにセカンドライフに踏み出せます。互いのいいところを学び合って一緒に働いていきたいものです。

ひとくち男女語会話

やる気にさせたいとき

これは○○さんにしか頼めない仕事だから

相手のキラキラにつき合ってあげる余裕を。「これは、大事な仕事だから」「ぜひ○○さんのセンスを発揮してほしい」なども。

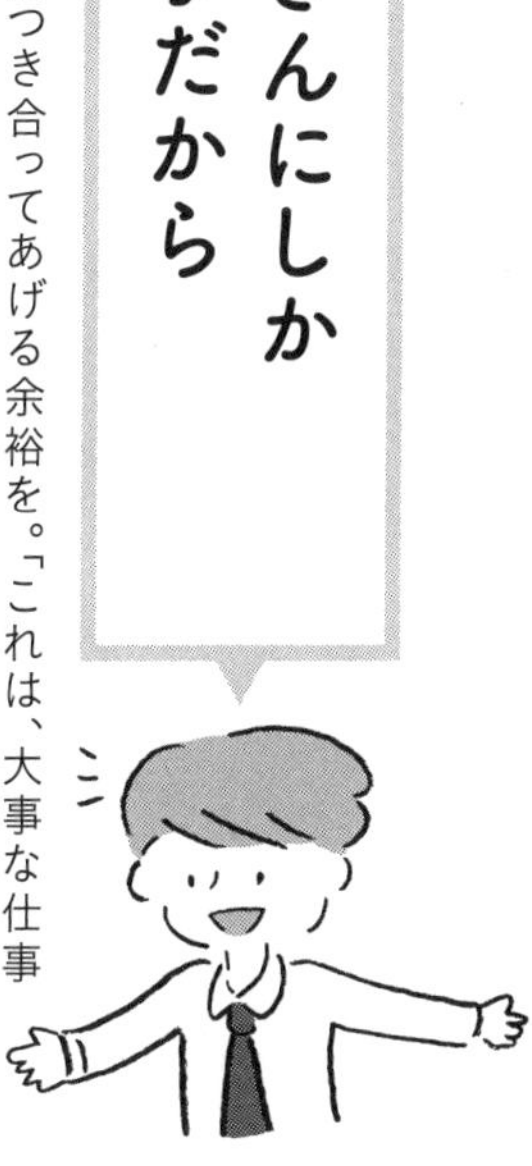

絶対に勝ちにいきましょう！

相手のギラギラにつき合ってあげる余裕を。「何でもやるんで、言ってください！」「これは、負けられないですね！」なども。

scene

29

仕事の原動力②

男は権力を与えれば喜ぶ 女は安定を与えれば喜ぶ

「出世したい」と目をギラギラさせる男性と、「やりがいのある仕事がしたい」とキラキラ輝く自分を追い求める女性。その努力の見返りとして期待するものも、やはり大きく異なります。「男性は権力、女性は安定」を求めるのです。

仕事でがんばった男へのいちばんのご褒美は、「昇進」です。主任、係長、課長、部長……と昇進するにつれ、会社における自分の影響力が強まり、動かせるプロジェクトが大きくなっていくのが嬉しくてたまらない。

自分にどれくらいの「権力」があるか確認しやすいため、男性は「肩書き」にもこだわります。上司から「きみはうちの課のエースだ」と褒められるよりも、一時的でも「このプロジェクトのリーダーだ」と肩書きを与えられることを喜びます。

その点、**女は男よりもリアリスト。形ばかりの肩書きには魅力を感じません**。肩書きのせいで責任が重くなるくらいなら、「平社員のままリーダー的な役割をこなしていたほうが気楽」と考えたりもします。

ベンチャー社長か大企業の課長か？　権力好きは男の性

男性の肩書き好きは、今に始まったことではありません。昔の軍人さんの写真を見ると、みんな軍服のいたるところに勲章をつけて、とても誇らしげです。勲章を見るだけで「どれくらい偉いのか」「どれほど権力を持っているか」がわかるため、男性にとっては非常に嬉しいシステムだったことでしょう。

でも、もし女性が軍隊をつくったら、勲章の制度はなくなるかもしれません。女性は、勲章のような「使い道のないもの」には、あまり価値を見出さないからです。それよりは、使える「モノ」「実質的な価値」をほしがります。

男性がほしがる「肩書き」には、大きく分けて2種類あります。

1つ目は、**一国一城の主。小さくても自分の会社を持ち、「社長」としてすべてを采配したい。**ベンチャー企業の社長などはこの代表的な例でしょう。規模は大きくなくても、社の隅々に至るまで自分の思い通りに動かせるため、常に「権力」を感じていられます。ただし権力を振りかざしすぎると、ワンマン経営に陥る危険性もあります。

もう1つは、**誰もが知る「大企業」のブランド力。**就職活動中の男子学生の話を聞いていると、事業内容よりその社名やブランドに魅力を感じている人も多いようです。彼らが実際大企業で働き始めると、課長、部長、と次々に昇進を望みますが、それはより大きな権力がほしいからです。

福利厚生の充実した安定企業で「ずっと働いてほしい」と言われたい女

女子学生も、男子学生と同じように大企業や有名企業を目指しますが、彼女たちがほしがっているのは大企業という肩書きではありません。満足のいくお給料、充実した福利厚生制度、将来的に必要な産休・育休などの子育て支援体制……と、**大企業ならではの「安定」がほしいのです。**男性より、ずっと地に足のついた会社選びをしていることがわかるでしょう。

ちなみに、自分の生活を左右するという意味で、結婚と就職はよく似ています。多くの女性が結婚相手（恋愛相手ではなく）に選ぶのは、今はイケイケでも「浮き沈みの激しそうなベンチャー社長」より、あまり出世しそうにないタイプだけど「安定感のある大企業の平社員」。就職先も、同じ基準で選んでいるというわけです。

一旦働き始めると、女性は社内での自分のポジションを安定させることに尽力します。上司や同僚とコミュニケーションをとって仲良くなり、職場を自分にとって居心地のいい場所にしようとするのです。そのため、まわりから「ずっと働いてほしい」と言われ、必要とされることを何より喜びます。会社に自分の居場所があることで満足感が得られるので、男性のように「嫌われてもいいから出世したい」と思ったりはしません。

男には肩書きを、女には実を与えよ

男性と女性のこうした違いがわかっていれば、部下を動かすのは簡単です。**男性社員には、一時的なものでもいいから「○○長」「○○リーダー」という肩書きを与えること。**

モチベーションを上げるために「○○主任！」などと呼びかけてあげてもいいでしょう。自分の権力を再確認できて、内心ニヤニヤするはずです。

女性には虚より実。何か成果を出したご褒美をあげたいなら、年収を上げたり、休みをとれるようにしてあげるのがいちばんです。さらに「君がいたから完成できた。ありがとう」と感謝を述べれば、「またがんばろう」と思うはず。

もちろん今は、「安定をほしがる男性」や「出世を望む女性」も増えました。性別では判断できない内なる願望に気づき、上手に対応していきたいものです。

ひとくち男女語会話

働くモチベーションを高めたいとき

君にはうちにずっといてほしい

必要な人材だということを素直にアピール。他には「欠かせない大事な戦力」「他の部署に取られたくない」など。「これ終わったら、休み取っていいから」も効果的。

○○さんには、プロジェクトリーダーをお願いします

あいまいでもいいので、権力&肩書きを与えると、目の色が変わります。他には「この件はまかせます」「チームを引っ張ってほしい」など。

scene

30

ほめ言葉①

男は結果を重視する　女は過程を重視する

「男は結果、女は過程」。これは、仕事のどの部分に重きを置くかということ。この章で何度も出てくる「野球」と「ままごと」が、やはり今回も重要なポイントになります。

男は結果を具体的にほめる　女はプロセスに共感してほめる

子どもの頃から野球をしてきた男性は、「1対2で負けた」「13対2で圧勝した」などの勝敗や得点に敏感です。そのため、**男をほめる場合は「よく○%増のノルマを達成できたな。○○の手法で攻めた君が圧倒的にいちばんだよ」**など、**勝敗を具体的な数字で強調するといいでしょう。**女性より数字を気にする傾向があるため、「○%」「○割」という部分が響くのです。

いっぽう、ままごとをしてきた女性にとって大切なのは、みんなで一緒に仮想世界を楽しむこと。雰囲気よく、ルールも終わりもない「ごっこ遊び」を楽しみ続けることです。

ままごとに勝ち負けはないため、女性はあまり結果を気にしません。それよりは「みんなで一丸となってプレゼンの対策をしたこと」や「泊まり込みでイベントの準備をしたこと」など、プロセスの部分を大切にします。もちろん、その結果プレゼンで勝つことができたりイベントが成功したりすれば、嬉しいことは嬉しいのですが、男性ほどの「やった！　勝てた！」という感動はないようです。

それよりは、「あのときはみんなでがんばったよね」「大変だったけど充実感があった」という、チーム全体の気持ちの部分を大切にします。

そのため、**女を褒めるときは、「本当によくがんばったよね。徹夜は辛かったでしょ？」など、プロセスに共感して、気持ちにフォーカスを当てた言葉をかけるといいでしょう。**

感情まで記憶できる高性能な女性脳

女性の、プロセスに目を向けるセンスは、脳の特徴によるものです。脳科学では、女性のほうが男性よりも記憶力がいいとされています。

さらに、感情をつかさどる部分を「扁桃体」といいますが、記憶をつかさどる海馬と密接な関係があり、脳は、記憶と感情をセットにして記憶することができます。そのときの気持ちがありありとよみがえってくるからこそ、女性はプロセスを大切にすることができるのでしょう。

男性は女性と同じようにがんばっていても、準備期間のことは忘れてしまったりします。もちろん、そのときの充実感がよみがえることもありません。となれば頼りはデータだけ。曖昧な記憶より、何度でも確認できる結果・数字を大切にするのは、こういった理由もあるのです。

ひとくち男女語会話

部下をねぎらうとき

いろいろ大変だったけど、楽しかったね

「過程&共感」のダブルパンチを、熟語のように繰り返しましょう。「相手が怒っちゃったときには、どうなるかと思ったけど（＝過程）、うまくいってよかったよね（＝共感）」など。

○億円の契約取れるなんて、うちの部署初だよ

「数字&事実」のダブルパンチを、熟語のように繰り返しましょう。「たった○ヵ月で（＝数字）で完成（＝事実）なんて、これは社長賞かな？」など。

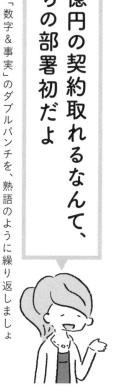

scene

31

ほめ言葉②

男はほめてほしい 女はわかってほしい

大人でももちろん、がんばったらその分「ほめられたい」という願望があります。

とはいえ、闇雲にほめちぎればいいというものでもありません。男性と女性では、「ほめのツボ」とでもいうべきポイントが異なるので、それぞれに響くほめ方をマスターしておくといいでしょう。

ほめ上手になれば、きっと今よりも人間関係がスムーズになります。

男にも女にも効く！　ほめの基本4原則

まず覚えてもらいたいのは、私が考えた「ほめの基本4原則」です。

1　今までと変化した部分に注目してほめる

「髪切った？」「メイク変えた？」「ずいぶん早く出社するようになったね」など、変わった部分を指摘するほめ方です。

これは、女性たちの得意技でもあります。久しぶりに会った女性同士の会話を聞いていると、彼女たちはお互いに頭の先から足の先まで変化を指摘し、ほめ合います。「そのバッグ新しく買ったの？」「痩せたんじゃない？」などなど。

よくもまぁそんなに出てくるものだと思いますが、これは女性たちの観察上手・調和上手がなせるワザ。いつも相手のことをよく見ているから、変化を敏感に察知できるのです。

男性も、「女たちの社交辞令」などとバカにせず、身近な人たちを丁寧に観察する習慣を身に付けましょう。

2　その人が自分で気に入っているポイントをほめる

これは、本人がほめてほしい、気づいてほしいと思っている部分を攻めるほめ方です。「新しい髪型似合ってるよ」「プレゼンの展開がうまかったな」など。

相手の気持ちに寄り添って考える必要があるので、少し高度なテクニックです。その人のこだわりや大切にしていることを考えれば、正解に近づくことができるでしょう。

3　本当に自分がいいと思っている部分だけをほめる

正直に、自分が共感できる部分をほめるやり方です。「そのバッグ、私もほしい！」「肌がキレイになったんじゃない？」「説得力のある企画書だった」など。

自分の感想なので、「いいな」と思った部分をそのまま口にすればいいのです。お世辞を言う必要もないので、心理的にも楽なほめ方。

ただし、普段から他人を「ほめよう」という気持ちで観察していないと、なかなかほめ言葉は出てきません。ほめ上手になりたければ、「人に会ったら最低3か所はほめる」など、ルール化しておくことをおすすめします。

4　気づいたらその都度ほめる

最後は、そもそもの基本ルール。気づいたその場ですぐほめる。何度でもマメにほめるということです。というのも、ほめ慣れていない人は「わざとらしいかも」「お世辞っぽいかな」「セクハラになったらどうしよう」などと余計なことを考えて、ほめるタイミングを逃しがちです。

しかし、人をほめるときに「ほめすぎ」ということはありません。英会話と同じで、頻繁に使っているうちに発音が良くなってくるのです。軽薄なくらい、バンバンほめましょう。

男向け、女向けを使い分ければ、さらに効果抜群！

この基本4原則をマスターしたら、応用編です。

・男のほめ方（部下・後輩へ）

男性は結果を気にするので、「どんな行動があの結果につながったか」を指摘するほめ方をしましょう。たとえば「あのプレゼンに説得力があったから、契約がとれたんだよ」「企画書がよく書けてる。この3年で成長したね」など。

ただし、今挙げたのは上司から部下への「上から目線」なほめ方。照れのせいで、男性はついこの手のほめ方をしがちですが、部下以外には使わないようにしましょう。

・男のほめ方（上司・先輩・同期へ）

上司や先輩をほめる場合は、事実を指摘するよりも、自分が感じている「すごい！」という気持ちを強調すること。「すごいですね！　勝てたのは絶対に先輩のおかげですよ」「○○さんの企画書、やっぱりうまい！」と、感動を前面に押し出すことで「上から目線」を回避します。

・女のほめ方（部下・後輩へ）

女性は結果よりもプロセスを気にするので、「あなたがどれほどがんばったか知っています」と、努力に共感したほめ方を。「休日出勤までして、ホントにがんばったね」「苦手な英語を使ってここまでやるなんて、すごいよ」などとほめると「いつもあなたを見てますよ」というメッセージにもなるでしょう。

・女のほめ方（上司・先輩・同期へ）

対男性同様に、相手が同期や先輩なら感動を前面に押し出しましょう。「休日つぶして準備するなんて、尊敬します」「英語でやりとりするのって大変だよね。ホントお疲れさま！」など。

ほめ上手になるためには、よく観察することが大前提。「すごい！」「尊敬します」「さすがですね」。まずは短い言葉で、その都度ほめるところから始めていきましょう。

ひとくち男女語会話

上司をほめるとき

ついに報われましたね！

これも基本は「過程＆共感」。上から目線にならないよう注意して、「あなたの努力をずっと見ていましたよ」というアピールを。

いやー、○億円。部長のあのひと言で決まりましたね

これも基本は「数字＆事実」。上から目線にならないよう注意して、「あなたの手腕に感動してます」というアピールを。

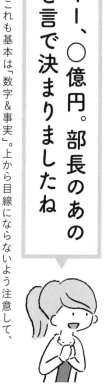

scene

32

ほめ言葉③

男は世界から認められたい 女は世間から認められたい

男も女も他人から「認められたい」という願望があります。

とはいえ、どこの誰から認められたいのかは大違い。この違いが仕事への取り組み方にも表れるようです。

世界中の見ず知らずの人から尊敬されたい男

男性が「オレだって認められたいんだ」と主張した場合、その対象範囲はかなり広がります。**なんと男性は、「世界」から認められたいのです。**「認められる」というよりは、「尊敬されたい」「影響力を持ちたい」「『すごい』と言われたい」と表現したほうがわかりやすいでしょう。

「地図に残るような仕事がしたい」「歴史に名を残したい」というのが男のロマンで、彼らは、見ず知らずの人からも尊敬されたい。女性からすれば、「寝言言ってんの？」とでもツッコミたい夢見がちな発言ですが、当の本人は本当にそう思っているのだから仕方ありません。そのため男性は大きな仕事をしたがりますし、それができるなら、より大きな責任を負うことも厭いません。

また、上司など自分より上位の人間から評価されたい、引き上げられたいという願望も強いようです。これは、男性特有の「縦社会」ゆえの願望でしょう。野球のチームでは、監督やキャプテンに認められて初めてバッターボックスに立てるため、どうしても上からの評価が気になるのです。

隣の席の女性から「いいな」とうらやましがられたい女

いっぽう、女性が認められたい範囲は非常に狭まります。**友達、近所の見知った人、職場なら同じフロア。男性の「世界」に対して、「世間」とでもいうべき手の届く範囲で認められたいのです。**別の言葉で表現するなら、「うらやましがられたい」「憧れの対象になりたい」「『いいな』と言われたい」。

女同士の世界は相対評価です。「あの子『より』私の『ほうが』かわいい」「友達に『比べて』私の『ほうが』幸せ」。狭い世界の知り合いを引き合いに出して、片方が上がれば片方が下がる、厳しいランキングが日々行われているのです。

そのため、見ず知らずの他人の功績にはまったく興味がありませんし、現実味がないほど大きな仕事がしたいという欲もありません。**知らない人から「すごい」と言われるよりは、隣の席の女子から「いいな」と言われたいし、後輩から「憧れちゃうな」と言われたほうが嬉しいのです。**

気持ちよく働いてもらうためには、相手の能力を認める発言は欠かせません。

上からの評価を気にする男性には、「すごい!」と自分の尊敬を伝えるだけでなく、**「上司の○○さんもほめてました」**と付け加えるといいでしょう。

女性には、**「仕事ができてうらやましい」「あなたのように有能になりたい」**と、憧れの気持ちを伝えるのがいいでしょう。

どちらの場合も自分が認められているとわかれば、仕事へのモチベーションも高まるというものです。

ひとくち男女語会話

同僚の自慢話につき合ってあげるとき

いいなぁ、うらやましい！

うらやましがられたい人には、とことん羨望の言葉を。「いいんじゃない？」「よかったじゃん」だと、上から目線っぽくなるのでNG。

○○さんもすごいって言ってたよ

「すごい！」で十分ですが、工夫するなら他の人（権威ある上司、人気のある社員）の名前を出して「自分だけでなく、あの人まで賞賛していたよ」と伝えます。

scene
33
会議①

男は会議が好き 女はおしゃべりが好き

アイデアを出し合ったり、連絡や報告をしたり、意思決定をしたり。仕事には会議や打ち合わせがつきものです。

しかし、男と女の両方が参加する会議では、お互いに不満が募ることも多いようです。

それは、男と女の発言スタイルが異なるためです。

男は非論理的な女に、女は結論を先送りする男に、イライラしている

男性たちは、女性の会議での発言に苛立っています。**「私は、○○のときどうかなと思ったんですが、でも……それに……そういえば……」と、長いばかりでいっこうに結論にいたらない女性の話し方に、「それは報告じゃなくておしゃべりじゃないか！」と感じ**

ます。

そもそも会議とは、目的を持って発言する場。ゴールを定めて、そこに向かって話を進めていくのが会議なのです（少なくとも男のルールではそうなっています）。

女性は頭の中で、常に膨大な量の情報と感情をやりとりしています。そのため、会議だとわかっていても、つい発言に自分の「気持ち」や「思い」がこぼれてくる。すると、まとまりのない「おしゃべり」的な話し方になります。**「結論」というゴールに向かって一直線に突き進む話し方は苦手なのです。**

それに対して男性が、「効率が悪い」「脱線しないでくれ」とイライラするという構図。

いっぽう**女性たちは、男性が会議で率直に発言せず、なかなか決定しようとしないことに腹を立てています。**「会議は意見交換をする場でしょ？」「どうして毎回決定を先送りするの？」というわけです。

男性たちが発言しないのは、出世のことを考えて、「下手な意見を出せない」と思っているから。バカに見えるかもしれない、使えない意見を出してまわりに見下されるのが怖い。そのため、意見があっても、まわりの様子を見てからしか発言しません。

同じ理由で、男性たちは「ブレスト＝ブレインストーミング」が苦手です。ブレストとは、従来の方法や考え方、先入観にとらわれず、自由なディスカッションを通じて新しいアイデアや解決策を引き出すためのもの。「出された意見に対して決して批判をしない」というのが基本ルールなので、本来は何を言ってもいいはずです。

しかし、男性たちは常にまわりをライバル視しているため、「負けられない」と警戒して口をつぐみます。正解しか言いたくないし、話を拡げるのもめんどう。

その点、**おしゃべり好きで、仲間と和をもって行動したがる女性はブレストが得意。**男性からは出てこない奇抜なアイデアを思いつき、「それもいいね」「おもしろい！」とお互いの意見を尊重し合うので、さらにおもしろいアイデアが飛び出します。ですから、ブレストをしても意見が出てこない場合は、参加する女性の人数を増やすといいでしょう。

さて、男性たちが決定を先送りにする理由にも、出世が絡んできます。「この意見を出したら上司にどう思われるだろうか」「どのタイミングで発言すれば自分の思い通りに動かせるか」など、雑念のせいで決定に踏み出せないのです。こうして、女性には「論理的に話せ」と言う割に、効率を無視したまだるっこしい会議を延々行うことになります。

発言のスタイルさえ合わせれば、男女はお互いに補足し合える

本当に効率よく会議を進めたいのなら、男性は女性に文句を言うより先に、自分の態度を見直すべきでしょう。言うべきことを簡潔に言い、決めるべきことはさっさと決める。そして、実は自分も言うほど論理的な話し方ができていない事実に気づくべきです。また、**非効率的に見えても女性の「おしゃべり」に耳を傾けることも大事**。女性たちは、うまく乗せれば豊富なアイディアを提供してくれます。

女性は、自分の発言スタイルを改めましょう。感情やディティールを控え、事実や話論ベースで情報を伝えるのです。「自分がどう感じたか」という部分を省くだけでも、ずいぶんスマートな話し方になるでしょう。

論理的な話し方を身に付けるのが難しければ、「提案があります」「要するに」「結論から言います」など、男性が会議でよく使う言葉を取り入れるのも有効です。すると、一見論理的に聞こえるため、内容的には「おしゃべり」でも、男性からの批判はぐっと減ります。「要するに」、男性も本当に論理的な発言を求めているわけではなく、自分たちのルー

ルに従わない女性たちに苛立っているだけ。ルールを守っているように見せかけることさえできれば、問題は解決します。

まとめ下手な女性なら、メールを使うのもひとつの手。**「詳しい報告は、あとでメールで送ります」**と言えばいいでしょう。普段は長々と自分の気持ちを語ってしまう女性でも、メールなら箇条書きにするだけでいいので簡単。長文になっている場合は、どこかにムダな箇所があるはずです。送信ボタンを押す前に、もう一度ブラッシュアップしてください。

自分のルールに引き込むことばかりを考えず、相手のルールに合わせる努力をすれば、仕事はもっとスムーズに進みます。

女性は男性的な話し方を身に付ける、男性は女性的な発想法もとり入れる。長引きがちな会議を、この方法でギュッとコンパクトにしてしまいましょう。

ひとくち男女語会話

会議で話を切り出すとき

ちょっと話がそれちゃうかもしれないんですが……

切り出し方だけでも柔らかく。そのうえで、理屈っぽいことを言ってもOK。他には「意見というより、補足なんですが」など女性の発言をフォローしてあげるのも効果的。

いろいろ意見があるかと思うんですが、要するに……

切り出し方だけでも要約しているふうに。そのうえで、全然要約してないことを言ってもOK。他には「ポイントとしては3つあって」など。

scene

34

会議②

男は序列を読む 女は空気を読む

会議を行っていると、まったく意見が出てこない「重たい空気」になることがあります。「困ったなぁ」と思いつつ、誰かが発言して流れを変えてくれないだろうかとみんなが願う……。

男性と女性が会議で沈黙する理由は毎回同じ。男は「序列」を読み、女は「空気」を読んで口をつぐむのです。

男は勝ち負けが命、女は和やかムードが命

男が気にしている「序列」とは、男性が属する「縦社会」の上下関係のことです。

自分の出世も気になる男性は、誰がこの会議の議論をリードしているのかを見ていま

す。そして、できればその強い意見に乗って、自分の立場を有利に運ぼうとします。

そのためには、こびへつらうような発言も平気でしますし、上司など「偉い人」の顔をつぶす発言をしないよう、細心の注意を払います。「効率重視」と言いながら、序列を守るためには効率も平気で犠牲にするのが男社会。

女性には理解できないことですが、**男にとっては会議も仕事というゲームのひとつ。勝つために発言することもあれば、負けないために口をつぐむこともあるのです。**


いっぽう**女が気にする「空気」とは、その場の雰囲気や参加者の気持ちのことです。**

女性は和を重んじる「横社会」で生きているので、仲間と気持ちよく会議を進めたいと思っています。発言の内容よりも、その結果生まれる感情を重んじるのです。

男性のように発言に勝敗を求めない代わりに、「〇〇さんの発言に課長は怒っているんじゃないかな」「〇〇さん、提案が通ったから機嫌がよさそうだな」と気持ちを察し続けています。「察する」というと良いことのようですが、反対や対立を何より嫌うので、気持ちの「察し合い」で話し合いがまったく進まなくなることもあります。

「和やかムード命」の女たちは、特に負の感情への感度が高く、自分の意見を通すことは二の次で、場の誰かの気分を害さないことがいちばんになりがちなのです。

勝ち負けにこだわる男たちが苦手な「マシュマロチャレンジ」

「会議」からは少し話がそれますが、「マシュマロチャレンジ」というワークショップがあります。会社の研修などでもよく登場するので、実際にやったことがある人もいるかもしれません。

簡単にルールを説明すると、4人ずつのチームで、20本のスパゲッティ(乾麺)と、90センチずつのテープと紐で自立する建造物をつくり、そのいちばん上にマシュマロをのせます。制限時間内で、できるだけ高い建造物をつくったチームが勝ちです。

大人の男性たちは最初、スパゲッティを使ってできるだけ高い建造物をつくることに集中します。賢い彼らは、20本のスパゲッティをムダにせず使い切り、入り組んだ建造物をつくるために、詳細な設計図を書くことさえします。

さらに**彼らは、スタートと同時に主導権争いを始めます。誰がその場をリードするのかを争い、段取りを気にするので、無為に時間が過ぎていってしまいます。**

しかし、最後に自信満々でマシュマロをのせると、マシュマロは想定外に重く、華奢なスパゲッティの建造物は折れたり崩れたり。制限時間はもうほとんど残っていません。結局は、打ち合わせもせず、てんでばらばらに失敗しながらスパゲッティを組み立てていた子どものほうが、早くマシュマロの意外な重さに気づき、良い結果が残せるのです。

大人の女性も、マシュマロチャレンジが得意とはいえません。**周囲の気分を気にして、否定をせず、すべての意見に「いいよね」と言い合うので、なかなか方向性が定まらないのです。**また、「決まったように見えて、何も決まっていない」ということが大いにあるので、最終的な局面で「誰の案でいくんだっけ?」となり、破綻することもあります。

お互いの特性を活かして「和」と「活発な議論」の両立を

会議が行き詰まったときには、男と女それぞれの得意分野で助け合いましょう!

たとえば女性は、「使えない意見を出したらライバルに見下されてしまう」と怖がっている男性の代わりに、あえて初歩的でお気楽な意見を言ってみるのもひとつの手。ピエロになれとまではいいませんが、ハードルを下げて男性に発言する勇気を与えるのです。

男性も男性で、「もっと自由な意見を」の一点張りでは、一度固まった空気はゆるみません。「ちょっとお茶にしようか」など、その場の雰囲気がよくなるような提案をすれば、萎縮していた女性たちも口が軽くなるはずです。

沈黙が続く会議は、男性にとっても女性にとってもストレスのもと。お互いの心がけで盛り上げていきましょう。

ひとくち男女語会話

会議の行き詰まった空気を打開するとき

ちょっと休憩しようか

堅苦しい雰囲気になってしまったら、どれだけ「自由に」と促してもムダ。一度、空気を変えるべくコーヒーブレイクを提案。そうすれば「さっき言えなかったんですけど」と個別に言ってくることも。

○○さんの意見も聞いてみたいです！

変なにらみ合いの場になっているならば、ここは天然を装って質問。意外と「聞かれたから答えますけど」と議論が活性化し、司会からありがたがられることも。

scene
35
仕事のクセ

男は猪突猛進に働く 女は臨機応変に働く

何事に対しても、男は頑固で女は移り気です。

一度決めたら失敗が見えていてもなかなか意見を曲げない男性上司に対して「融通が利かないな」と苦笑したり、一度決めたことを簡単に何度もひっくり返す女性上司に対して「もう、いい加減にしてくれ!」と言いたくなったり。

男は集中が上手、女は対応が上手

男性はゴールに向かって一直線に進むのが得意です。**右脳と左脳の連結が悪い分、脳の一部、またはどちらかの脳だけを使うといわれていて、何か役割を与えられると集中してそれに取り組みます。ビジネスでも、細かいことは気にせずに脇目もふらず「猪突猛進」**

することが多いようです。

しかしいっぽうで、ルールやシステムなど「ゴール」が変わると対応できず、動揺するという弱点もあります。

その点、**右脳と左脳の連結が良いとされる女性の脳は、常に膨大な量の情報を同時進行で処理しています。**

悪く言えば「いつも気が散っている」状態で問題の本質を見失うこともありますが、よく言えば細かい部分にまでよく気がつきます。

また、切り替えが早く、新しいルールにすぐに馴染めるという長所があります。ビジネスでも、目標を設定せず「臨機応変」に対応するスタイルが得意です。

これだけ違えば、男性と女性がお互いの仕事の進め方に馴染めなくても当然だとわかるでしょう。

男は視野が狭くなり、女は目標を見失う

男性と女性、どちらの仕事の進め方が優れているというわけではありません。とはいえ、**最近のビジネスの変化のスピードを見ていると、男性は女性的な臨機応変さを取り入れていく必要があるでしょう。**今後は今まで以上に目まぐるしい変化が予想されるので、「とりあえずつくる」「試しながら進める」「違ったらすぐに変える」というフットワークの軽さが求められます。「愚直にひとつのことを突き進める」やり方では、近い将来立ち行かなくなってしまうのです。

女は男の融通が利かない特性を理解して、ルールが変わるたびにリードしてあげるといいでしょう。新しい環境について丁寧に教えれば、男性はまた集中して仕事に取り組めます。

一緒に働く男が猪突猛進になって視野が狭まっているなと感じたら、「ちょっと状況を洗い直してみました」と気をきかせること。「こっちのほうが効率的じゃありません？」など、男性に響く言葉で自分の意見を通すやり方も有効です。

いっぽう、女性はさまざまなことに気がつくため、目の前の細かなことにこだわりすぎて目標を見失う場合があります。たとえば、「プレゼンを成功させてプロジェクトをとる」という目標があっても、プレゼン資料の形式が気になって何度もつくり直してしまったり、挿絵の画像を何時間もかけて選んでしまったり。結局、期日になって出てきたものは「前半の出来はいいのに後半が抜けだらけ」という困った結果になることも。

目標に向けて、集中してとにかく前に進めるという姿勢を学ぶと、もっとバランスのよい仕事ができるようになります。

男は、一緒に働く女の細かい指摘に対し「細かいことは気にするな」と叱りつけるのではなく、「いいところに気づいてくれたね」と認める余裕を持つこと。女性は、認められれば納得して次に進めるのです。

さらに、「どこまで進んだ?」とマメに時間管理をしてあげるといいでしょう。「今日中にここまで仕上げるべし」というノルマがあれば、女性も前進しやすくなります。

また、「一旦始めてみよう」という提案も有効です。「一旦」という言葉には、「あとで修正できる」という意味合いが含まれるため、細かい部分に納得できていない女性を「とりあえず」動かすことができます。仕事を始める取っかかり・ざっくり進める言い訳をつくることで、ペースアップさせることができるのです。

進め方が違う相手と仕事をするのは大変ですが、愚痴を言っていても何も変わりません。よきチームメイトになるためにも、積極的に弱点をフォローし合いましょう。

ひとくち男女語会話

困っている相手をサポートしたいとき

とりあえず一旦進めてみようか

いろいろなことを考えすぎて身動きが取れなくなっている相手には、「あとで変更してもいいので、とりあえず動かそう」と背中を押してあげましょう。

状況を整理してみました

視野が狭くなって袋小路に入り込んでいる相手には、状況を見渡す余裕を持ってもらうべく、関連資料をまとめておくと、「かゆいところに手が届く」と喜ばれます。

scene

36

会話のクセ

男は一般化したがる 女は具体化したがる

男と女の思考回路には、それぞれに傾向があります。

男性はルールや規則性を見出して「一般化」しようとし、女性はできるだけ個別のケースに落としこんで「具体化」しようとするのです。この真逆の性質のために、しばしば男女の会話はかみ合わなくなります。

会話を続けることが目的の女、会話という勝負に勝ちたい男

そもそも男性と女性とでは、会話の目的が違います。

女は「おしゃべり」そのものを続けることが目的です。楽しく情報交換をして、共感し合ったり、刺激されたり。「ラリー」を長く続けることを望んでいるので、細かい部分ま

でできるだけ具体的に話しますし、聞いている人の感情に訴えるため、「自分がそのときどう感じたか」という部分を強調します。

それに対して**男の会話は、ある意味「試合」**。情報交換という目的はもちろんありますが、男性と話していると、彼らが「要するに」「つまり」「一般的に」などの言葉をよく使うことに気づくでしょう。**結論＝答えを出せば、勝ちであり、終了。男性は早く勝って会話を終わらせるために、すばやく「スマッシュ」を決めようとしているのです。**

これでは、女性のおしゃべりラリーに対して「いつ終わるんだよ……」とイライラして当然ですし、ラリーを楽しんでいる女性側が男性のスマッシュに「やめてよ！」と怒るのも当たり前です。

男性は何かを判断するときに「結果」を重視するようにできているので、そこに至るまでの複雑で面倒くさいことは大嫌い。**効率よくシンプルに物事を進めるために、「これは〇〇と同じケースだ！」などとルールや規則性を探したがります。**

どんなことにでも当てはまるルールをひとつつくって、それだけですべてに対応するのが彼らの希望。男性が「女っていうのはさ」と十把一絡げに語ったり、偉人の名言を喜んで引用したりするのも、そうやってルール化・一般化することで、そのあとは思考停止してラクをしていきたいと望んでいるからです。

ちなみに、「経営コンサルタント」という職業に就く人は、この手のルールを見つけるのが非常に好きで得意です（それが仕事でもあるのですが）。論理的で効率的で機械的に物事を進めたがる、非常に男性的な仕事だからです。

私の知人にも何人もいますが、やはり「要するに」を多用し、ロジカルに一般化しようとします。

いっぽう女性は、何かを判断するときに細かい「プロセス」を大事にします。**一般化されたルールよりも、その場その場を大切にするので、想定外の事態にも臨機応変に対応することができます。**

ただし、目標を見失うほどにディテールが気になってしまう弱点もあり、男性からはよく「木を見て森を見ず」とバッシングされがち。

しかし、女性も女性で、ルール化したがる男性を内心バカにしています。「全部にあてはまるルールなんてあるわけない」というわけです。女性は「ケースバイケース」で対応するのが得意なので、ルールにこだわる男性の気持ちが理解できません。それに対して男性は「女はいつだって場当たり的だ！」と批判して……と、両者の言い争いにはきりがありません。

女とは「おしゃべりラリー」を、男とは「結論風ワード」を

男女が互いを否定し合っているうちは、意味のない堂々めぐりが続くだけ。思考回路を利用した、お互いに響く話し方をマスターしましょう。

まず**男性は、女性の「おしゃべりラリー」に乗ること。できるだけパーソナルな感情に響くよう、細かく具体的に話をします。**たとえば、「売り上げ目標が来月から100万円になったからよろしくね」と結論だけ伝えるのではなく、その前段階から丁寧に。「いやぁ、まいったよ。今日、ランチに行こうと思ってたら、部長に呼びとめられちゃってさ。で、困ったことに来月から売り上げ目標が100万円になったっていうんだよ。それで○○が得意な君にはね……」と、ストーリー仕立てで臨場感のある話し方をするのです。面倒くさいと思っても、この伝え方をすれば女性の理解度はぐっと上がります。

女性は、男性との会話に「ラリー」を期待しないこと。なるべく最短距離で結論にたどりつくよう、「具体ベース」ではなく「抽象ベース」で話します。「要するに」「一般的に」と男性的な単語を使うだけでも効果があるので、試してみてください。

NGワードは「ケースバイケース」と「臨機応変」。男性は「それって結局何も考えてないってことじゃないか」と感じるので、「(例外もありますが)基本的には○○で対応します」とルールを伝えましょう。ひとつ大きなルールがあると思えれば、それだけで男性は安心します。

ある程度のスピードが求められるビジネスの現場では、女性が男性の「一般化」スタイルを習得するのが近道です。とはいえ、アイディアをふくらますような場面では、女性の「具体化」スタイルが大いに役立ちます。

どちらの話し方もマスターして、場面で切り替えていけるのが理想ですね。

ひとくち男女語会話

雑談するとき

実は最近、こんなことがあってさ……

エピソードトークからスタートするのが、女コミュニケーションの常道。他には「これは僕だけかもしれないんだけどさ……」など、押しつけがましくならないようにしましょう。

最近話題になっている○○ですけど……

ニュース・情報からスタートするのが、男コミュニケーションの常道。他には「今朝の新聞、見ました？」など。客観的な姿勢を保つように心がけましょう。

scene 37 ライバル

男は同い年の男が苦手 女は自分より若い女が苦手

これまで何度も見てきたように、男は「縦社会」の上下関係に従い、女は「横社会」で仲良くします。

とはいえ、これですべてがうまくいくわけではありません。男性にも女性にも、天敵とも言うべき、うまくつき合えない相手がいます。

「縦社会プレイ」が通用しない相手に動揺する男

男性が苦手なのは、「同期の男」。

そもそも男性は、序列を重んじます。そのため、年上の上司、年下の部下というのは、彼らにとって何よりわかりやすく、つき合いやすい相手です。上司のことは持ち上げ、部下のことは性格や場面に合わせてほめたりいじったり。慣れ親しんだ「縦社会プレイ」をすればいいだけなので、簡単です。

しかし、「同期」となると話は別。**男は、先輩でもなければ後輩でもない相手にどう接すればいいのかわかりません。さらに、同期の男は多くの場合、出世競争する上でのライバルに。**年齢という絶対的な上下関係がない以上、つい反射的に相手をねじ伏せて「上」になろうとするのです。いわゆる「同期会」では、自分がどんな仕事を任されているか、評価されているかで張り合い、相互マウンティングが繰り返されます（そういう原始的な競争心が会社全体のエネルギーにもなっているわけですが）。

ちなみに「同期の女」という存在に対しては、男性は何とも思いません。失礼な話ですが、無意識に「ライバルではない」と感じているのでしょう。そのため、通常の友達関係と同じように、気の置けないつき合いができます。

また、イレギュラーなケースも彼らを困らせます。「同期だけど大学院卒だから年齢は上」「年下だけど上司」など。「こんなの縦社会ルールにない！」と動揺してしまうのです。

「女性は若いほどいい」という風潮に苦しむ女

いっぽう、女性が苦手なのは「年下の女」です。

「仲良し横社会」なら年齢は関係ないのでは？　と思うかもしれませんが、彼女たちは「女は若いほどいい」とされている世の中の残念な風潮を日々痛いほど感じています。**自分より仕事はできないけれど、世の中的には価値が高い（ように感じてしまう）のが「年下の女」**。**多少おもしろくない気持ちになるのも納得です。**

また、その気持ちを隠すために必要以上におばさんぶって「若い子っていいわね」「私なんかもういい年だし」と自分を卑下する女性もいます。「若い子がちやほやされるのが気に入らない」と素直に言えないのでつい、おかしな態度をとってしまうのでしょう。女子の人間関係は複雑なのです。

「つかず離れず」仕事仲間と割り切る

こうした苦手意識を克服するためには、男女ともに「つかず離れず」を意識することです。

男性は、変にライバル視せず仲違いせず、つかず離れず「同期の男」とつき合うこと。仲良くしておけば情報をもらえることもあるでしょうし、大きな敵と対峙しなくてはならない場合、強力な助っ人にもなってくれる大切な仲間。バカなケンカや仲違いはせず、適当に仲良くしておくのがいいでしょう。

また、**女性はすぐに張り合おうとする同期の男たちの仲を和やかに取り持ってあげてください。**「同期の仲間っていいですよね」と持ち上げれば、「仲間とかじゃないし……」とむくれつつ、悪い気はしないはずです。

逆に**女性は、「年下の女」と「仲良くしなくてはいけない」という強迫観念を捨てること。**年下に限らず同僚女性は、女友達とは違います。気が合うから一緒にいるわけではなく、偶然同じ会社を選んだために一緒に仕事をしているだけなのです。気が合わなかったり、おもしろくないと感じても仕方のないこと。仕事で支障のない程度に、男同士の「同僚」のようなさっぱりとしたつき合い方をしていればいいのです。そうやって少しドライに人間関係を捉え直すことで、「年下の女」ともうまく付き合えるようになります。

これはキャラクターにもよりますが、クールに「自分の世界」を持っている女性は、女性からモテます。自分にないものを持っている相手に対して、憧れを抱くからです。変にすり寄ったり、いじめたりせず、クールな関係を保つことで、そうした独自の存在感を目指してもいいでしょう。

男性は、女性の「横社会」を壊さない程度に「縦社会」的な配慮をしてあげましょう。指導する後輩がいる立場の女性には、「いろいろ教えてあげてね」「信頼してるよ」と言葉で存在価値を保証してあげるのです。自分が職場で認められていることがわかれば、若い女性がチヤホヤされることへのイライラも減るというものです。

男同士、女同士でも、男女のコミュニケーションと同じように難しさがあります。「そっちの問題は勝手にやってよ」と突き放すのではなく、立ち入り過ぎない範囲で手助けしてあげましょう。それが職場全体の働きやすさにつながるはずです。

ひとくち男女語会話

苦手な相手の話題を出すとき

○○さんに、いろいろ教えてあげてくれる？

「君もまだまだ若いよ」「20代も30代も一緒だよ」は最悪のフォローです。年齢や容姿ではなく「仕事のスキル」を基準に話すようにしましょう。職場ですから。

同期の仲間っていいよね！

「誰がいま出世頭なの？」「○○さんって、仕事できるって評判聞くけど」は最悪。男は「仲間」が大好き。「別に仲間なんかじゃないよ。ただの同期」と否定してきても、悪い気はしません。

あとがき　自分とは違う人とどうつき合うか？

男と女の基礎知識

あなたが普段生活をしている中で、「男っていうのはこれだから困る」とか「ほら、女の人は感覚的だから」とか、そういう会話を聞くことがあるでしょう。

男としての甲斐性、女の幸せ、男前、いい女……などの言葉もあるように、私たちは自然と周囲の人間を、「男と女」という視点で見てしまっています。

そもそも、そうやって**「男らしい」「女らしい」というからには、まずはその基本となるところ・原則があるはず。そこを改めて整理・確認しておこうじゃないか**というのがこの本の出発点です。

世の中一般では、何をもって男らしいというのか。女性に多く見られる特徴には、主にどんなものがあるのか？　そうした「男と女の違いの基礎知識」を、さまざまな角度からまとめようというわけです。

男と女を考える3つの視点

そうした目的から発したいわば「男女学入門」、立脚点は大きく分けて3つあります。

1つ目は「本能」「生物」のアプローチ。脳科学や生物学の立場から、ヒトを動物としてとらえ、オスとメスの違いを語るもの。そこには石器時代にさかのぼる狩猟の習慣や生殖本能、脳の構造、ホルモンの仕組みなども含まれます。

2つ目は「社会」のアプローチです。原始時代のオス・メスの関係とは異なり、高度文明社会に生きている社会的動物としての人間。その場合の男女の違い・ジェンダーです。具体的には、結婚生活における男女、ビジネスにおける男女、コミュニケーションにおける男女などが含まれます。

3つ目は「現代日本」のアプローチです。先進国でありながら、女性の社会進出が圧倒的に遅れている日本（2022年版ジェンダーギャップ指数146か国中116位）。男と女はこの国でどのように暮らしてきていて、どのような常識に縛られているか。普段接している文化作品や、生活する上での「あるある」エピソードもここに含まれます。

多くの本は、これら3つのうちどれかひとつを軸として書かれていますが、本書ではそれらをあえてミックスしシャッフルし、エキスだけを抽出しています。学術的に正しいかよりも、ごくごく一般的に「こういわれていますよ」「あなたも思い当たるふしがありますよね」というリアリティを大事にしています。

男と女は、ツールに過ぎない？

さて、厳密にアカデミックな立場から男性と女性を分けていないのには、理由があります。それは**「結局のところ、わかりやすい2分類なんて不可能」**だということ。男はこう、女はこう、とルール化しても当然例外はあるし、バラつきもある。突き詰めると血液型占いのようなものになってしまいます。

本書の各項目をチェックしていくと「僕は男性（私は女性）だけれど、こんなことはしない」ということが出てくるでしょう。さらには「この項目は当てはまるけれど、別の項目は真逆だ」という感想を持つ人も多いと思います。「おいおい、ぜんぜんあてにならないじゃないか」と怒る人もいるかもしれません。

ですが、それで当然です。そうなって当たり前ですし、そこにこそ、この本のもうひとつの狙いが隠されています。

「当てはまる・当てはまらない」「当たってる・当たってない」が、この本の読み方ではありません（そうやって楽しんでいただくのも、もちろん嬉しいのですが）。**むしろ注目すべきは「自分ではない」ほう。「自分に当てはまらないほうの人への対処法」**です。

各項の末尾には「男たちよ、女にはこう言え」「女たちよ、男にはこう言え」ということで、「ひとくち男女語会話」が示してあります。これを「男には」ではなく「こういう人には」と読みかえながら、ぜひもう一度読み返してみてください。

たとえば「男は察しない／女は説明しない」の項（20ページ）での「ひとくち男女語会話」。これは「男にはこう言え」ではなく「察しない人にはこう言え」ということ。「女にはこう言え」ではなく**「男だろうと女だろうと、きちんと説明しない傾向がある人には、**

こう話せばスムーズに話が動くよ」ということ。その他の項も同様です。

つまり、世の中の人間のコミュニケーションパターンを2つに分けて、「Aタイプの人にはこう話そう」「Bタイプの人には、この言葉を選ぶと通じますよ」というアドバイスをしているわけで、その象徴・容れ物として「男女」を使っているに過ぎないのです。

自分とは違う人に、どう接するか

そういう意味では、**この本における「男女＝異性」は、「自分とは違う考えをする人」「自分とは真逆の話し方をする人」ということでもあります。**

自分とは違うタイプの人と、心の底からわかり合うのは大変です。そもそも無理かもしれない。であれば、わかり合えないことをスタート地点にしましょう。変にわかるフリをしない。相手に押しつけない。話はそこからです。

この人とは言葉が通じない。ならば、どうするか。そう、カタコトでもいいので通じる

言葉を話すのです。相手のフィールドに足を踏み入れる以上、それしかありません。

それはロシアへ旅行に行ったら、ガイドブックに書いてある通り「Здравствуйте（こんにちは）」と言い、「кофе,Пожалуйста」（コーヒーをください）と注文するのと一緒です。

その国の文化を学んだり、現地の人と触れ合ったりするのはあと回し。とりあえずはワケもわからず、ガイドブックに書いてある言葉を、怪しい発音で話す。

少し会話ができれば、それだけで嬉しいし達成感がある。心が近づいたような気さえする（のは錯覚だとしても、少なくとも温かいコーヒーにはありつける）。

もちろん、最終的にはその国の成り立ちやお国柄、歴史背景を知ることで、深い理解に至ることができれば最高です。ですが、そこまでしなくてもいいのです。仕事も家庭も、日々のコミュニケーションも、結局は技術であり「プレイ」なのですから。

表面上うまくいっていれば、それでOK。それを積み重ねることで、次第に流暢になり、本当に相手とわかり合える日が来る（かもしれない）のです。

自分と真逆の相手としての「異性」

男と女がわかり合うのは、究極的には不可能かもしれません。それは、どれだけロシア語を勉強しても、本当の意味でロシア人にはなれないのと同じです。

それでも、言葉を交わすことはできる。バイリンガルにはなれる。一緒にコーヒーを飲むことはできる。

それはとても大事なことです。

繰り返しになりますが、この本の男と女は、「自分と異なるコミュニケーションをする＝言葉の通じない、わかり合えない相手」の比喩です。

自分と似た考え方の人、自分と同じようなコミュニケーションをする人同士で固まっているほうが楽チンに決まっています。話も通じるし、楽しい。でもそれでは人付き合いが広がらない。**特定の人としかうまく付き合えないと、つまらない人間になってしまう。**わかり合えない人とでも、なんとか話せたほうがいい……。少しでもそう思う人のためにこの本はあります。

異文化を学ぶために外国語を勉強する、刺激を求めて海外留学をする。どちらも素晴らしいことですが、まずはもっとも身近な「異星人」であり、身のまわりにたくさんいる「自分とは違うコミュニケーションの人」と交流することから始めてみましょう。

なぜ、あの人はあんなことを言ったのか？　この人はどうして、こんな言い方をするのか？

あなたが、あなたのまわりの「わかり合えない人」ととりあえずはうまくやっていき、いつかきっとわかり合えるようになることを、心から祈り、応援しています。

2023年4月

五百田 達成

ディスカヴァー携書
247

察しない男 説明しない女

発行日　2023年4月21日　第1刷
　　　　2023年6月 6 日　第2刷

Author　五百田達成
Illustrator　高旗将雄
Book Designer　小口翔平＋畑中茜＋須貝美咲（tobufune）
Publication　株式会社ディスカヴァー・トゥエンティワン
〒102-0093　東京都千代田区平河町2-16-1 平河町森タワー11F
TEL　03-3237-8321（代表）03-3237-8345（営業）
FAX　03-3237-8323
https://d21.co.jp/

Publisher　谷口奈緒美
Editor　大竹朝子　橋本莉奈（編集協力：大高志帆）

Marketing Solution Company
小田孝文　蛯原昇　飯田智樹　早水真吾　古矢薫　山中麻吏
佐藤昌幸　青木翔平　磯部隆　井筒浩　小田木もも　工藤奈津子
佐藤淳基　庄司知世　副島杏南　津野主揮　野村美空　野村美紀
廣内悠理　松ノ下直輝　八木眸　山田諭志　鈴木雄大　高原未来子
藤井かおり　藤井多穂子　井澤徳子　石田麻梨子　伊藤香　伊藤由美
恵藤奏恵　小山怜那　蠣﨑浩矢　葛目美枝子　神日登美　近藤恵理
坂田昌子　塩川栞那　繁田かおり　鈴木洋子　畑野衣見　町田加奈子
宮崎陽子　青木聡子　新井英里　岩田絵美　大原花桜里　末永敦大
時田明子　時任炎　中谷夕香　長谷川かの子　服部剛　米盛さゆり

Digital Publishing Company
大山聡子　川島理　藤田浩芳　大竹朝子　中島俊平　小関勝則
千葉正幸　原典宏　青木涼馬　阿知波淳平　伊東佑真　榎本明日香
王廳　大﨑双葉　大田原恵美　近江花渚　坂田哲彦　佐藤サラ圭
志摩麻衣　杉田彰子　仙田彩歌　滝口景太郎　舘瑞恵　田山礼真
中西花　西川なつか　野﨑竜海　野中保奈美　橋本莉奈　林秀樹
星野悠果　牧野類　三谷祐一　宮田有利子　三輪真也　村尾純司
元木優子　安永姫菜　足立由実　小石亜季　古川菜津子　中澤泰宏
浅野目七重　石橋佐知子　蛯原華恵　金野美穂　千葉潤子　西村亜希子

TECH Company
大星多聞　森谷真一　馮東平　宇賀神実　小野航平　斎藤悠人
林秀規　福田章平

Headquarters
塩川和真　井上竜之介　奥田千晶　久保裕子　田中亜紀　福永友紀
池田望　齋藤朋子　俵敬子　宮下祥子　丸山香織

DTP　株式会社RUHIA
Printing　中央精版印刷株式会社

ISBN978-4-7993-2945-0
SASSHINAIOTOKO SETSUMEISHINAIONNA by Tatsunari Iota

携書ロゴ：長坂勇司
携書フォーマット：石間　淳